# 渔樵问对

编著◎谢普

中国出版集团有限公司
China Publishing Group Co., Ltd.
现代出版社

图书在版编目（CIP）数据

渔樵问对 / 谢普编著. -- 北京：现代出版社，2025. 6. -- ISBN 978-7-5231-1611-1

Ⅰ. B244.35

中国国家版本馆CIP数据核字第20258HB579号

# 渔樵问对

YU QIAO WEN DUI

编　著　谢普

责任编辑　袁涛
责任印制　贾子珍
出版发行　现代出版社
地　　址　北京市安定门外安华里504号
邮政编码　100011
电　　话　(010) 64267325
传　　真　(010) 64245264
网　　址　www.1980xd.com
印　　刷　三河市嵩川印刷有限公司
开　　本　170mm × 240mm　1/16
印　　张　12
字　　数　150千字
版　　次　2025年6月第1版　2025年6月第1次
书　　号　ISBN 978-7-5231-1611-1
定　　价　68.00元

# 序言

邵雍（1011年—1077年），字尧夫，生于范阳（今河北涿州大邵村），是北宋著名哲学家、易学家、诗人，理学象数派代表人物，与周敦颐、张载、程颢、程颐并称“北宋五子”。

邵雍幼年随父迁至衡漳（今河南林县康节村），后卜居共城苏门山，师从李之才学《河图》《洛书》与伏羲八卦。他融合儒道思想，创立“先天象数之学”，认为宇宙本原是“太极”，天地万物按“先天图”循环变化，著有《皇极经世书》阐述其哲学体系。

邵雍晚年移居洛阳，自号安乐先生，著有《渔樵问对》《伊川击壤集》等。其中《渔樵问对》通过渔樵对话，探讨宇宙、社会和人生道理，展现了其深刻思想和学术见解。熙宁十年，邵雍病卒，终年六十七岁，宋哲宗元祐中赐谥康节。

《渔樵问对》被誉为千古雄文。通过渔夫和樵夫的对话，以钓鱼为契机，讲述了利害、体用、物我、名实、治乱、观物、人天、利害、力分、易理、人物、权变、生死、小人、才正不正、择用、善恶等一系列问题，阐释了观物之道以及天地万物的化生之道，讴歌了圣人，赞颂了孔子，讨论了君子与小人的区别，目的是让樵者明白“天地之道备于人，万物之道备于身，众妙之道备于神，天下之能事毕矣”的道理，最后在关于君子、小人与善、不善以及治乱的关系的论述中作结。

# 目录

# 一、“利害”之辩

【原文】

渔者垂钓于伊水之上。

樵者过之，弛担息肩，坐于磐石之上，而问于渔者，曰：“鱼可钩取乎？”

曰：“然。”

曰：“钩非饵可乎？”

曰：“否。”

曰：“非钩也，饵也。鱼利食而见害，人利鱼而蒙利，其利同也，其害异也。敢问何故？”

【译文】

在伊水悠悠的河岸之畔，一位渔夫手持钓竿，静静地坐在那里垂钓。清澈的河水泛起微微涟漪，渔夫专注地盯着水面，似乎在等待着鱼儿上钩。这时，一位樵夫担着木柴从旁边走过，他额头上微微沁出汗珠，脚步略显疲惫。樵夫看到渔夫在钓鱼，便停下脚步，放下肩头沉重的担子，缓缓地坐到了一块巨大的磐石之上。

## 渔樵问对

樵夫望着渔夫，开口问道："在这伊水之中，真的能够用鱼钩钓到鱼吗？"渔夫听到樵夫的问话，脸上露出温和的微笑，回答道："当然可以啊。我在此处垂钓多年，深知这河里鱼儿的习性，只要方法得当，定能有所收获。"

樵夫点了点头，目光依然专注在那鱼钩之上，继续问道："如果只用鱼钩，而不使用鱼饵，能钓到鱼吗？"渔夫摇了摇头，认真地说："那可不行。鱼钩只是一个工具，若没有鱼饵作为诱惑，鱼儿是不会轻易上钩的。就如同我们在生活中，若没有利益的吸引，又怎会有人主动去做一件事情呢？"

樵夫听了渔夫的话，微微皱眉，陷入了思考之中。片刻之后，他开口说道："看来关键不在于鱼钩，而在于鱼饵啊。鱼儿因为贪图食物的利益，所以才会面临被钓的危害；而人呢，因为想要得到鱼的利益，所以通过鱼饵钓到了鱼，从而获得了好处。鱼和人都有对利益的追求，然而结果却大不相同，一个受到了伤害，一个得到了利益。我很想知道，为什么会出现这样的情况呢？"

渔夫听了樵夫的疑问，眼神望向远方的水面，缓缓说道："这世间万物，皆因利而动。鱼儿只看到眼前的食物，却没有意识到潜在的危险，所以才会陷入困境；而人能够权衡利弊，利用鱼饵作为手段，达到自己的目的。这其中的区别，就在于对利害关系的认知和把握啊。"

樵夫听了渔夫的解释，恍然大悟，微微点头，似乎明白了其中的道理。二人在这伊水之畔，通过这关于钓鱼的对话，探讨着生活中关于利害的深刻哲理。

【感悟】

利害关系的认知维度——————

短视者被欲望牵引，只见红利而忘风险。

智者以理性权衡，让利益成为可控的工具。

正如钓者以饵为介，在取舍中成就所求。

人生亦需在利益诱惑前，保持对潜在代价的清醒认知，

方能在趋利避害中得见真章。

## 一、“利害”之辩

**【关键词解析】**

渔者：以捕鱼为职业的人，在文中是钓鱼这一行为的实施者，代表着对钓鱼技能和鱼的习性有深入了解的一方，同时也象征着在生活中懂得利用手段获取利益的人。

樵者：以砍柴为生的人，在文中作为提问者出现，通过与渔者的对话，引出对利害关系的思考，代表着对事物现象背后的原因进行探究的角色，体现了对生活哲理的好奇和追求。

伊水：故事发生的地点，是一条河流，为整个故事提供了背景环境，也暗示着自然与生活的联系，是渔者和樵者对话的场景依托。

钩：钓鱼的工具，在对话中是基础元素，象征着实现目标的手段，但单独的“钩”并不能达到目的，需要与其他元素结合。

饵：钓鱼时用来吸引鱼上钩的食物，是整个对话的关键所在，代表着利益的诱惑，同时也暗示着危险的存在，是连接鱼和人利害关系的重要纽带。

利：对于鱼来说，“利食”是对食物的欲望；对于人来说，“利鱼”是对鱼的获取，体现了生物的本能和人类的需求，是引发行为的动力。

害：鱼因“利食”而面临被钓的“害”，与人类因“利鱼”而获得的利益形成鲜明对比，突出了在利害关系中不同的结果和影响。

何故：樵夫提出的疑问，是推动对话深入的关键，引导着对利害关系背后原因的探讨，促使人们思考现象背后的本质和规律。

**【原文】**

渔者曰：“子樵者也，与吾异治，安得侵吾事乎？然亦可以为子试言之。彼之利，犹此之利也；彼之害，亦犹此之害也。子知其小，未知其大。

## 渔樵问对

**【译文】**

那位渔夫对樵夫说道："你本是个砍柴为生的人，所从事的营生和我打鱼有着很大的不同，为何要来过问我打鱼这件事呢？不过既然你有疑问，那我也不妨试着为你讲解一番。其实啊，鱼所追求的利益，和人所追求的利益在本质上是相同的；鱼所遭受的危害，同样也和人可能面临的危害有相似之处。只是你仅仅看到了其中微小的、表面的部分，而没有认识到其中更为宏大、深刻的道理。

就拿鱼来说吧，它们为了吃到鱼饵这种利益，往往忽视了隐藏在其中的巨大危险，最终被鱼钩钩住，失去了自由甚至生命，这是鱼的利害关系。而人呢，就像我以打鱼为生，为了获得鱼这个利益，我需要花费时间和精力，在河边等待鱼儿上钩。在这个过程中，我也面临着各种不确定因素，如天气的变化、鱼群的多少等。有时候可能耗费了大量的时间却一无所获，这对于我来说就是一种损失，是我在追求利益过程中所面临的危害。

再往更广阔的生活层面去看，人们在社会中为了追求各种利益，也会面临着不同的危害。比如，商人追求财富，可能会遇到市场的波动、商业竞争的风险；读书人追求功名，可能会面临科举考试的失利、才华不被赏识的困境。所以说，无论是鱼还是人，都在利害之间徘徊。

然而，鱼只知道眼前的那一点食物之利，却不懂得权衡利弊，最终陷入危险之中。而人虽然比鱼更有智慧，能够思考利害关系，但也常常会因为贪婪或者短视，忽视了潜在的危害，从而在追求利益的道路上遭遇挫折。这就是为什么我说你只知其小，未知其大。你仅仅看到了鱼因为贪图食物而被钓的表面现象，却没有深入思考这背后所蕴含的关于世间万物利害关系的大道理。”

【感悟】

人需在逐利时洞见潜在代价——
表面是鱼与饵的博弈，
深层却是对利害维度的认知较量。
人唯有跳出局部得失，
以全局视角勘破利益背后的风险链条，
方能在世间万物的利害迷局中，
避开因小失大的陷阱。

**【关键词解析】**

渔者：文中以捕鱼为职业的人，在对话中处于主导地位，拥有对自身职业以及利害关系的深刻认知，通过与樵夫的交流，阐述自己对于利害的见解。

樵者：以砍柴为业的人，作为提问者，对渔者的行为和利害关系表现出好奇，其身份和认知与渔者形成对比，推动了关于利害关系的讨论。

异治：指不同的营生、职业或生活方式。在文中强调了渔者和樵者职业的差异，同时也暗示了不同职业所面临的利害关系也有所不同。

利：在文中既指鱼对食物的需求，也指人对各种物质或非物质的追求，如财富、功名等。是引发行为的动机，也是利害关系中的重要组成部分。

害：表示在追求利益过程中所面临的风险、损失或不利后果。对于鱼来说是失去自由和生命，对于人来说则是各种可能的挫折和困境。

小：代表着表面的、局部的、浅显的认知，如樵夫只看到鱼因饵而被钓的简单现象。

大：意味着更深入、全面、宏观的道理，即关于世间万物在利害关系上的普遍性和规律性，如人在追求利益时面临的各种复杂情况。

安得：表示疑问，意思是“怎么”，在这里体现了渔者对樵夫过问自己事情的疑惑，同时也引出了渔者对利害关系的讲解。

**【原文】**

鱼之利食，吾亦利乎食也；鱼之害食，吾亦害乎食也。子知鱼终日得食为利，又安知鱼终日不得食为害？如是，则食之害也重，而钩之害也轻。子知吾终日得鱼为利，又安知吾终日不得鱼不为害也？

**【译文】**

鱼认为食物对自己有利，我同样认为食物对自己有利；鱼觉得食物会给自身带来危害，我也觉得食物会给我带来危害。你只知道鱼整天都能获取到食物是一件对它有好处的事情，可又怎么能明白鱼整天都无法得到食物其实是一种极大的危害呢？

对于鱼来说，食物是维持生命的关键。当鱼整天都能吃到东西时，它可以生长、繁衍、保持活力。但如果一整天都没有食物，它会逐渐变得虚弱，免疫力下降，甚至可能因为饥饿而死亡。而且，为了寻找食物，鱼需要消耗大量的精力，长时间的饥饿会让它们在生存的边缘苦苦挣扎。

从另一个角度来看，因为食物的诱惑，鱼可能会被鱼钩所伤，然而事实上，食物所带来的潜在危害其实比鱼钩更为严重。鱼钩造成的伤害也许只是局部的、暂时的，可能导致鱼受伤甚至失去生命，但食物的匮乏却是对鱼生存根基的动摇。没有食物，鱼的整个生存体系都会受到影响，种群的延续也会面临挑战。

再看我这边，你仅仅看到我整天都能捕到鱼，觉得这是一件对我极为有利的事情。可你又怎么能想到，我整天都捕不到鱼其实也是一种很大的危害呢？

对我而言，鱼是我生活的来源，是我维持生计的依靠。如果我整天都一无所获，那么我就没有办法获得足够的食物来养活自己和家人，经济上也会陷入困境。而且，作为一个以捕鱼为生的人，捕不到鱼意味着我的技能无法得到施展，我的价值难以体现。长期捕不到鱼，还可能让我失去在这个行业中的竞争力，影响到我未来的生存和发展。

在生活中，无论是鱼还是我，都面临着复杂的利害关系。就像鱼要在食物的诱惑与鱼钩的危险之间做出抉择，我也要在捕鱼的收获与可能遇到的风险之间权衡利弊。我们不能仅仅看到表面的利益而忽视了背后的危害，也不能因为害怕危害而放弃追求利益。

我们需要全面、深入地思考这些利害关系，才能做出更明智的决策，让自己在这个充满挑战的世界中更好地生存下去。

【感悟】

陷入“生存刚需与风险并存”的永恒命题——

世间万物皆在“必须追逐的利益”与“无法规避的危害”间摇摆，

唯有穿透表面得失，看清生存本质的矛盾性。

既不能因风险弃刚需，也不能为利益忘危机，

方能在利害交织的现实中，寻得动态平衡的生存智慧。

**【关键词解析】**

利：在“鱼之利食”和“吾亦利乎食也”中，“利”作动词，意为“认为……有利”“以……为利”。体现了鱼和“我”从自身角度出发，将食物视为对生存有益的事物，突出了食物对于生命维持和发展的重要性。

害：在“鱼之害食”和“吾亦害乎食也”中，“害”同样作动词，意思是“认为……有害”“以……为害”。表明鱼和“我”都意识到食物在带来益处的同时，也可能带来不良后果，反映了对事物两面性的认识。

终日：表示“一整天”“整日”，在“鱼终日得食为利”“鱼终日不得食为害”“吾终日得鱼为利”“吾终日不得鱼不为害也”中，强调了时间维度上的持续性。说明无论是鱼获得食物、得不到食物，还是“我”捕到鱼、捕不到鱼，在一整天这样的时间段内所产生的结果对主体都有着重要的影响。

安：为疑问副词，解释为“怎么”“哪里”，用于“又安知鱼终日不得食为害”和“又安知吾终日不得鱼不为害也”这两个句子中，引出反问语气。强调不能仅仅从单一的角度看待鱼和“我”的利害关系，促使人们深入思考潜在的危害。

之：是一个重要的虚词。在“鱼之利食”“鱼之害食”中，“之”用于主谓之间，取消句子独立性，使“鱼利食”“鱼害食”成为句子的主语部分；在“食之害也重”“钩之害也轻”中，“之”作为结构助词，可译为“的”，用于连接前后的名词，表明所属关系。

为：在文中多作判断动词，意为“是”，如“鱼终日得食为利”即鱼整天能获得食物是一件对它有利的事，起到了连接和判断的作用，明确了利害关系的表达。

【原文】

如是，则吾之害也重，鱼之害也轻。以鱼之一身，当人之食，是鱼之害多矣；以人之一身，当鱼之一食，则人之害亦多矣。又安知钓乎大江大海，则无易地之患焉？鱼利乎水，人利乎陆，水与陆异，其利一也；

【译文】

像这样看来，其实对我（渔夫）而言，所面临的危害更为严重，而鱼所面临的危害相对较轻。

以鱼的角度来说，它的一生，最终成为了人的食物，如此这般，鱼所遭受的危害是很多的；但从人的角度出发，人就如同鱼会成为人的食物一样，人本身也会面临成为其他事物“食物”（遭遇各种危及自身的情况）的可能，这样说来，人所面临的危害同样不少。你又怎么能肯定在大江大海中钓鱼，就不会有因环境改变（易地）而带来的忧患呢？

鱼依靠水来获取利益（生存所需），人依靠陆地来获取利益（生存所需），水和陆地是不同的生存环境，然而从获取维持生存的资源这个层面来讲，鱼和人所追求的利益本质是一样的。

鱼生活在水中，看似在水中能自由游动、觅食，可实际上它们面临着诸多危险。如要躲避天敌的追捕，要应对水中环境的变化，还要为获取足够的食物而奔波，甚至一不小心就会因贪食鱼饵而被人捕获，结束生命。而人生活在陆地上，看似比鱼有更多的生存优势，实则也面临着各种各样的问题。人要应对自然灾害，像洪水、地震等；要处理人际关系中的矛盾和冲突；还要为了获取足够的生活资源而辛勤劳作，可能会因为疾病、意外等因素危及自身的生命。

当人在大江大海中钓鱼时，虽然那里可能有丰富的鱼类资源，但同时也伴随着许多不确定的危险。天气的突变，如暴风雨的突然来临，可能会让船只倾覆，危及人的生命；海洋中复杂的水流和暗礁，也可能给钓鱼的人带来意外。这就如同鱼在水中，虽然水是它们赖以生存的环境，但水中也隐藏着无数的危机一样。

所以说，不能仅仅因为鱼最终会成为人的食物，就片面地认为鱼所遭受的危害更大；也不能因为人能够钓到鱼，就忽视人自身在获取利益（如通过钓鱼获得食物或经济收益）过程中所面临的各种危害。鱼和人都在各自的生存环境中为了生存和发展而努力，同时也都承受着相应的风险，只是表现形式不同罢了。

**【感悟】**

**万物皆在赖以生存的“利益载体”中背负着与之共生的危害——**

**生存本就是“利益与风险同轴运转”的过程，**

**唯有承认环境赋予的生存红利与潜在危机的共生性，**

**跳出以“物种优势”片面评判利害的局限，**

**方能在不同生存维度中，看见万物皆需与风险共处的本质。**

**【关键词解析】**

如是：“像这样”“如此”的意思，在文中起到承上启下的作用，引出对上文所讨论的利害关系进一步的分析和探讨，使文章的逻辑连贯，过渡自然。

之：在“吾之害也重”“鱼之害也轻”“鱼之一身”“人之一身”“钓乎大江大海，则无易地之患焉”等表述中，“之”作为结构助词，可理解为“的”，用于连接修饰语和中心语，表明所属关系；在“则吾之害也重，鱼之害也轻”中，“之”取消句子独立性，使“吾之害”“鱼之害”成为句子的主语成分，强调了“害”的所属对象。

当：在“以鱼之一身，当人之食”中，“当”有“面临”“充当”的含义，形象地描述了鱼成为人类食物的这种情况，突出了鱼所面临的生存危机；在“以人之一身，当鱼之一食”中，“当”同样有“把……当作”的意思，体现了人将鱼作为食物来源，以及由此可能带来的各种危害。

易地：“易地”在这里可理解为“变换地方”“改变环境”，“无易地之患”即没有因环境变化而带来的灾祸，强调了在大江大海中钓鱼时，即使是在相对熟悉的水域，也可能因环境因素而面临危险。

利：“鱼利乎水，人利乎陆”中的“利”作动词，意为“依赖”“从…… 中获利”，生动地阐述了鱼和人分别从各自的生存环境中获取维持生存和发展所需的资源，突出了生存环境与生物之间的依存关系。

异：“水与陆异”中的“异”是“不同”的意思，明确指出水和陆地是两种不同的环境，为后文阐述鱼和人在不同环境中获取利益和面临危害的情况做了铺垫，强调了环境差异对生物的影响。

**【原文】**

鱼害乎饵，人害乎财，饵与财异，其害一也。又何必分乎彼此哉！子之言，体也，独不知用尔。”

**【译文】**

渔夫接着说道：“鱼儿面临的危害来自鱼饵，而人所面临的危害来自财富。鱼饵和财富虽然不一样，但它们给各自带来的危害本质上是相同的。又何必去区分鱼和人所面临的危害究竟谁更严重，或者谁和谁的危害不同呢！你刚才说的那些，仅仅只是看到了事物的表象（体），却没有明白事物的功用（用）啊。

鱼儿因为贪图鱼饵，就会被鱼钩所捕获，从而失去自由甚至生命，鱼饵对鱼来说，看似是可以获取的利益，实则隐藏着巨大的危害。而人呢，很多时候为了追求财富，不惜耗费大量的精力和时间，甚至可能会违背道德和法律。

在追求财富的过程中，人可能会陷入钩心斗角的争斗中，会因为财富的得失而产生焦虑和痛苦。如有的人因为贪婪财富，做出违法乱纪的事情，最终受到法律的制裁；有的人因为过度追求财富，忽略了家庭和健康，导致生活失衡。

虽然鱼饵是鱼所面对的诱惑，财富是人所追求的目标，二者看似不同，但从危害的角度来看，都是因为对某种利益的过度追求而给自己带来了灾祸。无论是鱼还是人，都在各自的欲望驱使下，难以抗拒诱惑，从而陷入困境。就像在生活中，我们不能仅仅看到事物的表面现象，不能只看到鱼因饵受害、人因财受害的不同形式，而应该深入思考其中的本质。

所谓‘体’，就是事物外在呈现的样子，而‘用’则是事物的内在规律和功用。你只看到了鱼和人面临危害的表面情况，却没有理解其中关于欲望、诱惑和危害之间的内在联系。我们应该明白，无论是鱼还是人，都需要正确对待诱惑，不能被眼前的利益冲昏头脑，要懂得权衡利弊，知晓利害关系。只有这样，才能避免因过度追求利益而遭受危害。”

【感悟】

祸根同源，皆因欲望驱使下对利益的过度追逐——————————
世人惯于忽视“诱惑背后必藏代价”的内在规律，
只看鱼被钩、人落法网的表象，
便难懂欲望如何将“求利”扭曲为“招祸”。
唯有穿透诱惑的表面差异，看清“贪婪致祸”的本质，
方能在欲望面前守住理性，让利益追求不越危害的边界。

**【关键词解析】**

害：“鱼害乎饵，人害乎财”中，“害”作动词，意为“受到……的危害”“被……所害”，清晰地表明了鱼因鱼饵、人因钱财而面临的不利情况，突出了鱼饵和钱财给鱼和人带来的负面作用。

异：“饵与财异”中的“异”是“不同、不一样”的意思，强调了鱼饵和钱财在性质、形态和用途等方面存在差异，为后文阐述虽然两者不同但危害本质相同做了铺垫。

一：“其害一也”中的“一”表示“相同、一样”，说明尽管鱼饵和钱财不同，但它们给鱼和人带来的危害在本质上是一致的，点明了这段文字所探讨的核心观点，即不能只看表面差异而忽略本质的相同。

何必：“又何必分乎彼此哉”中的“何必”是反问语气词，意思是“为什么一定要”，加强了语气，强调了没有必要去区分鱼和人所受到的危害的差异，引导读者思考危害的本质而非表面的不同。

体：“子之言，体也”中的“体”在这里可理解为“表面、现象”，指出对方的言论只是看到了事物的外在表现，没有深入探究其内在的本质，为后文说明“独不知用尔”（不懂得其中的道理）做了铺垫。

用：“独不知用尔”中的“用”指“道理、作用”，表示只看到表面现象而不明白事物背后的本质和其中蕴含的道理，强调了要透过现象看本质，全面、深入地认识事物的重要性。

# 二、“体用” 之辩

【原文】

樵者又问曰：“鱼可生食乎？”

曰：“烹之可也。”

曰：“必吾薪济子之鱼乎？

曰：“然。”

曰：“吾知有用乎子矣。”

【译文】

樵夫又接着问道：“鱼可以直接生吃吗？”（渔夫）回答说：“把鱼烹饪之后才适合吃呀。”樵夫继续追问道：“那一定得用我砍的柴来烹饪你的鱼吗？”（渔夫）回应道：“没错。”樵夫说道：“这样的话，我就知道我的柴对你是有价值的了。”

这段对话围绕着鱼的食用以及樵夫所拥有的柴的作用展开。樵夫先是对鱼能否生食提出疑问，在得到鱼须烹饪才可食用的答案后，他又进一步思考自己所砍的柴在烹饪鱼过程中的地位。渔夫确认了烹饪鱼需要樵夫的柴这一事实，让樵夫清晰地认识到了自己所拥有资源的价值。

从更深层面来看，这简短的问答体现了不同角色所拥有资源之间的相互依存关系。鱼是渔夫的收获，但要将鱼转化为可享用的食物，就需要借助樵夫的柴进行烹饪。而樵夫通过提供柴，实现了柴的价值，也明确了自己在这种关系中的作用。这就如同在生活中，每个人都拥有独特的资源或技能，这些资源和技能在与他人的互动中可能会发挥出重要作用，人们也因此形成了相互依赖的关系。

我们不能孤立地看待自己所拥有的东西，而应该在与他人的关联中去发现其价值，同时也应该认识到他人资源对自己的意义，从而实现互利共赢。如在一个团队中，不同成员有着不同的能力和资源，只有相互协作，让各自的能力和资源发挥作用，才能达成共同的目标。

【感悟】

世间万物的关联本质——————

个体资源的价值，总在与他者的需求对接中显现。

每个人的能力与拥有，都像孤立的齿轮，

唯有嵌入社会协作的链条，才能在“彼此需要”中转动出价值。

让孤立的“拥有”成为共生的“有用”，

在相互成就中抵达共赢之境。

**【关键词解析】**

生食：在“鱼可生食乎”中，“生食”指的是不经过烹饪等加工处理，直接将鱼作为食物。这是樵夫对鱼的食用方式的一种思考，引出了关于鱼的烹饪及后续柴的作用的讨论。

烹：“烹之可也”中的“烹”意为烹饪，包括煎、炒、煮、炖等各种对鱼进行加工使其适合食用的方式。它强调了鱼从原始状态到可食用状态需要经过特定的处理过程。

薪："必吾薪济子之鱼乎"里的"薪"即柴，是樵夫的劳动成果。在这段对话中，"薪"是连接樵夫和渔夫的关键因素，体现了樵夫所拥有的资源在烹饪鱼过程中的重要性。

济："必吾薪济子之鱼乎"中的"济"有"帮助、促成"的含义。这里指樵夫的柴能够帮助渔夫将鱼烹饪成可食用的食物，突出了柴在鱼的烹饪过程中起到的辅助作用，也暗示了不同资源之间的相互作用。

然："然"在"曰：'然。'"中表示肯定，意思是"是的、对的"。渔夫用这个词对樵夫关于是否必须用其柴烹饪鱼的问题给予了肯定答复，推动了对话的发展，明确了柴对于烹饪鱼的必要性。

有用："吾知有用乎子矣"中的"有用"表示有价值、有作用。樵夫通过与渔夫的交流，认识到自己的柴对渔夫烹饪鱼这件事是有价值的，"有用"一词体现了樵夫对自身资源价值的认知和对资源相互关系的理解 。

**【原文】**

曰："然则子知子之薪，能济吾之鱼，不知子之薪所以能济吾之鱼也。薪之能济鱼久矣，不待子而后知。苟世未知火之能用薪，则子之薪虽积丘山，独且奈何哉？"

**【译文】**

（渔夫接着）说："既然这样，那么你只知道你的柴能够用来烹饪我的鱼，却不明白你的柴为什么能够用来烹饪我的鱼。柴能够用来烹饪鱼这种情况由来已久了，并不是等到有了你（的柴）之后才知道（柴能烹饪鱼这件事）。如果世人不知道火能够借助柴（来发挥作用），那么即使你的柴堆积得像山丘一样多，又能拿（烹饪鱼这件事）怎么办呢？"

这段文字中，渔夫针对樵夫仅仅知晓柴能用来烹饪鱼这一表面现象，进一步深入阐述了其中的道理。樵夫只看到了自己的柴在烹饪鱼过程中所起的作用，却没有思考柴能烹饪鱼背后的原理。

渔夫指出，柴能烹饪鱼是一个客观存在的事实，且这种能力早已存在，并非因为樵夫拥有柴才产生的。并且，柴能发挥作用的前提是世人知晓火可以借助柴来烹饪鱼。如果没有对火和柴之间关系的认知，即便樵夫拥有大量的柴，也无法实现用柴烹饪鱼的目的。

这就如同在生活中，我们不能仅仅看到事物的表面联系，更要深入探究其内在的原理和条件。只关注表面，而不理解背后的本质，就难以真正发挥事物的作用，实现预期的目标。比如在科技领域，我们不仅要知道某种工具能解决问题，更要明白工具发挥作用的原理和所需的条件，这样才能更好地运用工具，推动科技的进步。

【感悟】

世间万物的效用皆需依托内在法则——
个体拥有的资源（如柴）只是表象“体”，
而决定其能否发挥作用的规律（如火柴关系）才是核心“用”。
要穿透表象把握“为什么”的本质逻辑，
唯有洞悉资源背后的运作规律与条件，
才能让孤立的“拥有”真正转化为“有用”，
避免陷入“坐拥资源却无用武之地”的认知困局。

**【关键词解析】**

然则：“然则子知子之薪”中的“然则”表示“既然这样，那么”，起到承上启下的作用，引出渔夫对樵夫观点的进一步分析，使上下文的逻辑连贯。

所以：“不知子之薪所以能济吾之鱼也”中的“所以”意为“……的原因”，强调樵夫不明白柴能烹饪鱼的内在原理，突出了对事物本质探究的重要性。

济："薪之能济鱼久矣"中的"济"有"帮助、促成"的含义，这里指柴能够帮助实现烹饪鱼的目的，体现了柴在烹饪过程中的作用。

苟："苟世未知火之能用薪"中的"苟"表示"如果、假如"，用于假设一种情况，即世人不知道火能借助柴发挥作用的情况，为后文阐述柴即便数量多也无法发挥作用做铺垫。

虽："则子之薪虽积丘山"中的"虽"是"即使"的意思，强调了在世人不知火能借助柴发挥作用的前提下，即便樵夫拥有大量的柴，也无法达成烹饪鱼的目的，突出了认知和条件对事物发挥作用的重要性。

奈何："独且奈何哉"中的"奈何"表示"怎么办"，表达了樵夫的柴在特定情况下（世人不知火能借助柴发挥作用）无法实现烹饪鱼这一目的时的无奈，进一步强调了对事物内在原理和条件认知的重要性。

**【原文】**

樵者曰："愿闻其方。"

曰："火生于动，水生于静。动静之相生，水火之相息。水火，用也；草木，体也。用生于利，体生于害。利害见乎情，体用隐乎性。一性一情，圣人能成。子之薪犹吾之鱼，微火则皆为腐臭败坏，而无所用矣，又安能养人七尺之躯哉？"

**【译文】**

樵夫满怀求知欲地说道："我真心希望能听听其中的门道。"

渔夫不紧不慢地解释道："火的产生源于运动，比如摩擦生热从而产生火，而水则源于静止，像是平静的湖面、静止的溪流。运动与静止并非孤立存在，它们相互滋生，就如同运动可以带来火，而火的熄灭又趋近于静止，静止状态下孕育的水也会因为一些动态变化而产生波澜，进而与火相互作用。

水与火之间也存在着相互制衡、此消彼长的关系，水可灭火，火能蒸发水，它们的这种关系使得彼此的力量得以平衡。水和火，是我们人类可以利用的外在功能，如火能用来烹饪食物、取暖，水可用于饮用、灌溉等。而草木，则是承载水火功能的实体。功能的产生源自对人类有利的方面，如火能煮熟食物，让我们更好地消化吸收，水可滋养万物，满足我们的生活需求，这就是功用产生于对人有利之处。然而，实体的存在往往伴随着潜在的危害，草木可能会引发火灾，威胁到人们的生命财产安全，水一旦泛滥成灾，会造成洪涝灾害，给人类带来损失，这便是实体产生危害的体现。

利益与危害通过我们的情感和认知得以显现。我们能感受到水火带来的便利，也能体会到草木和水火可能引发的危害。而实体与功能的本质则隐藏在事物的本性之中。只有圣人能够洞察这事物的本性和由利益危害所引发的情感认知，顺应这种规律，才能成就一番事业。

你的柴就如同我的鱼一样，如果没有火的恰当运用，柴不能燃烧，就失去了它作为燃料的价值，鱼也会因为无法烹饪而腐臭败坏，变得毫无用处。柴和鱼原本是对人有益的东西，但因为缺少火这个关键因素，就无法发挥它们滋养人的身体的作用，又怎么能用来维持人的生命和健康呢？这就如同世间万物，都需要恰当的条件和运用方式，才能实现其价值。”

【感悟】

利害通过人的认知显现——————
洞察本性与利害本质，
需顺规律行事，
就像柴与鱼需借火发挥价值。
万物皆需恰当条件与运用方式，
方能化“潜在有用”为“实际有益”，
否则有益之物也会因条件缺失而无用。
穿透表象把握事物本性与规律，
在顺应中让资源实现价值。

**【关键词解析】**

方：在“愿闻其方”中，“方”的含义为“方法、道理、门道”，突出了樵夫对渔夫所知晓的关于事物之间关系以及如何运用这些关系的知识的渴求，推动了对话的进一步展开。

动、静：“火生于动，水生于静”里的“动”代表着运动、变化的状态，“静”代表着静止、稳定的状态。这两个词阐述了火和水产生的根源，体现了事物产生与不同状态之间的联系。

相生：“动静之相生”中的“相生”指相互滋生、相互促进。表明运动和静止之间存在着相互依存、相互转化的关系，是一种辩证的联系，强调了事物之间的内在关联。

相息：“水火之相息”的“相息”意思是相互制衡、相互平衡。说明水和火之间不仅相互作用，还存在着一种平衡关系，一方的变化会影响到另一方，从而维持一种动态的平衡。

用、体：“水火，用也；草木，体也”中，“用”指的是事物的功用、功能，即水火能够为人类带来的实际作用和价值；“体”指的是实体、本体，草木作为承载水火功能的物质基础，清晰地界定了两者的属性和角色。

利、害：“用生于利，体生于害”中，“利”表示对人类有益的方面，如功用能满足人类的需求；“害”表示对人类有害的方面，如实体可能带来的各种风险和损失，体现了事物的两面性。

情：“利害见乎情”中的“情”指的是人的情感、认知。强调了人们通过自身的感受和认知来判断事物的利害关系，是连接人类与事物本质的桥梁。

性：“体用隐乎性”中的“性”指事物的本性、本质。说明实体和功能的本质隐藏在事物的内在属性之中，需要深入探究才能理解，体现了事物本质的隐蔽性和深刻性。

微：“微火则皆为腐臭败坏”中的“微”解释为“缺少、没有”。突出了火在柴和鱼发挥价值过程中的不可或缺性，强调了关键因素对事物能否实现其功用的重要影响。

【原文】

樵者曰：“火之功大于薪，固已知之矣。敢问善灼物，何必待薪而后传？”

曰：“薪，火之体也。火，薪之用也。火无体，待薪然后为体；薪无用，待火然后为用。是故凡有体之物，皆可焚之矣。”

【译文】

樵夫思索片刻后说道：“我早已明白，火在烹饪、取暖等方面发挥的功用远胜过柴本身，这是显而易见的道理。但我心中仍有疑惑，火天生就具备焚烧万物的能力，为何一定要借助柴才能将这种能力发挥出来呢？难道没有柴，火就无法施展它的威力了吗？”

渔夫耐心地解释道：“柴是火得以存在的物质基础，而火则是柴所具备的潜在能力的外在体现。火本身没有实体形态，如果不依靠柴作为载体，它就无法具象化，无法真正展现出燃烧的力量；反过来看，柴如果没有火的点燃，它就仅仅是一堆普通的木头，只能以静态的物质形态存在，无法发挥其作为燃料的作用。就好比一个人空有一身本领，却没有施展的平台，最终也只能碌碌无为；而一个平台若没有合适的人来运作，同样无法实现其价值。

你看，当我们点燃一堆柴时，柴就是火的栖身之所，火在柴的支撑下得以蔓延、燃烧，释放出光和热，实现烹饪食物、驱赶寒冷等功用。而柴也正是因为有了火的作用，才从平凡的木材转变为能够提供能量的燃料，完成了自身价值的升华。这二者相互依存，缺一不可。也正是因为这种关系，世间一切具有实体的可燃之物，都能成为火的载体。无论是干枯的树叶、野草，还是木质的家具，只要满足燃烧的条件，火就能借助它们的实体展现威力。

从这个角度来讲，火与具有实体的可燃物之间的关系是普遍存在的。这就如同世间万物，许多事物都存在着类似的依存关系，一种事物的功能需要借助另一种事物的实体才能发挥出来，而后者也因前者的作用实现自身价值。比如舟船需要借助水才能航行，水也因为舟船的行驶而展现出承载的功能；车乘需要借助道路才能前行，道路也因为车乘的通行体现出自身的意义。所以说，火依靠柴来展现威力，并非偶然，而是事物间相互依存规律的体现。”

【感悟】

火无柴则无凭依，柴无火则失其能——————
世间万物多循此律，
万物价值皆在“相互成就”中显现，
孤立的“能力”或“载体”并无意义，
唯有在功能与实体的耦合中，
才能让潜在价值转化为现实功用，
印证“依存共生”的永恒哲理。

【关键词解析】

功：在“火之功大于薪”中，“功”表示：功用、功效，强调火在实际应用中产生的效果和价值，如燃烧、加热、照明等作用，突出火在与柴的对比中，发挥作用的程度和范围更具优势。

灼物：“敢问善灼物”中的“灼物”意为：燃烧、焚毁物品，“灼”突出火对其他物体的灼烧、破坏能力，这是樵夫对火的特性认知，也是其疑问产生的基础，既然火有此能力，为何还依赖柴。

体：“薪，火之体也”里的“体”指：本体、实体，是事物存在的物质基础。柴作为火的本体，为火提供了存在和发挥作用的物质依托，没有柴，火就难以以具体形态存在并发挥功能。

用：“火，薪之用也”中的“用”指：功用、作用，表明火是柴所具备的潜在能力的外在表现形式。柴通过火的燃烧，实现自身作为燃料的价值，火是柴发挥作用的具体方式。

待：“火无体，待薪然后为体；薪无用，待火然后为用”中的“待”表示依靠、依赖，深刻体现火与柴之间相互依存的关系。火需要柴作为实体才能存在，柴需要火来实现自身价值，二者缺一不可。

凡：“是故凡有体之物”中的“凡”意为：凡是、所有，是一个范围限定词，将论述从火与柴的具体关系，扩展到所有具有实体的事物，使观点更具普遍性和哲学意义。

焚：“皆可焚之矣”里的“焚”即：焚烧。进一步强调火与具有实体的可燃物之间的作用方式，只要是符合条件的实体，火都能对其产生燃烧作用，展现火的普遍适用性和强大威力。

**【原文】**

曰：“水有体乎？”

曰：“然。”

曰：“火能焚水乎？”

曰：“火之性，能迎而不能随，故灭。水之体，能随而不能迎，故热。是故有温泉而无寒火，相息之谓也。”

**【译文】**

（樵夫）又问道：“水有实体形态吗？”（渔夫）回答说：“有的。”（樵夫）接着问：“火能够焚烧水吗？”（渔夫）解释道：“火的特性，是只能迎着（物体燃烧）而不能追随着（物体移动燃烧），所以当遇到水时，火就会熄灭；水的特性，是能够追随着（容器或环境）改变形态而不能迎着（火的侵袭）抵抗，所以水会被加热。因此，世间有温泉存在，却没有‘寒火’，这就是水与火相互制衡的体现。”

樵夫从之前关于火与柴的讨论，延伸到对水的思考，首先询问水是否有实体形态，得到肯定答复后，又提出了一个看似奇特的问题，火能否焚烧水。渔夫针对这个问题，深入剖析了火和水的特性。火在燃烧时，需要有可供燃烧的实体作为依托，并且其燃烧的方向和范围相对固定，只能朝着有可燃物的方向蔓延，一旦遇到水这种不可燃且具有灭火特性的物质，火的燃烧条件被破坏，自然就会熄灭。而水没有固定的形态，会顺应容器或环境的变化而改变形状，它无法主动抵御火的热量侵袭，只能被动接受热量，从而被加热。

渔夫通过存在“温泉”却不存在“寒火”的例子，进一步说明了水与火相互作用的结果。温泉的形成是因为水受到地热等热量影响而变热，体现了水能够吸收热量，而“寒火”不存在，是因为火的本质是释放热量，与寒冷的属性相悖，这也从侧面反映了火和水在属性和作用上的差异。二者这种一方能使另一方改变（水被火加热），一方能使另一方消亡（水使火熄灭）的关系，正是“相息”的具体表现，揭示了自然界中不同物质之间既相互对立又相互制约的规律。

这种规律不仅存在于水火之间，在世间万物的相互关系中也普遍存在，如阴晴交替、昼夜更迭，都是事物相互制衡的体现。

【感悟】

火释热、水吸热，火遇水灭、水遇火温——————
世间万物皆在对立属性中相互制约又彼此成就，
如昼夜交替、阴晴轮转，
在动态平衡中遵循“特性决定作用，
作用中又体现制衡”的自然逻辑，
揭示出矛盾双方既对抗又依存的永恒哲理。

**【关键词解析】**

体：在“水有体乎”中，“体”指实体形态，是樵夫对水的存在形式提出的疑问，探讨水是否像柴一样具有可以感知的物质形态，为后续关于水火特性及相互作用的讨论埋下伏笔。

然：“然”在“曰：“然。”中作肯定回答，意为“是的”“有”，明确回应了樵夫关于水有实体形态的疑问，确定了讨论的基础。

焚：“火能焚水乎”里的“焚”本义为焚烧，在这里指火对水的作用，虽然从常识来说火不能真正“焚烧”水，但此问引出了对水火特性及相互关系的深入探讨。

迎：“火之性，能迎而不能随”中的“迎”表示迎着（物体燃烧），主动朝着可燃物方向蔓延，描述了火燃烧时需要有固定的燃烧对象和方向，体现了火燃烧的特性和局限性。

随：“火之性，能迎而不能随”和“水之体，能随而不能迎”中的“随”，对于火而言，指追随着（物体移动燃烧）；对于水而言，指顺应容器或环境改变形态。通过“随”字，对比突出了火和水截然不同的特性。

相息：“相息之谓也”中的“相息”意为相互制衡、相互影响，概括了水火之间既相互对立又相互作用的关系，火能改变水的温度，水可熄灭燃烧的火，体现了自然界中事物间的动态平衡。

性：“火之性”“水之体”中的“性”指特性、本质属性，强调火和水各自内在的固有属性，这些属性决定了它们在相互作用时的表现和结果 。

**【原文】**

曰：“火之道生于用，亦有体乎？”

曰：“火以用为本，以体为末，故动。水以体为本，以用为末，故静。是火亦有体，水亦有用也。故能相济又能相息，非独水火则然，天下之事皆然，在乎用之何如尔。”

**【译文】**

（樵夫）问道：“火的原理源于其功用，那它也有实体形态吗？”

（渔夫）回答说：“火以功用为根本，实体形态为次要，所以呈现动态；水以实体形态为根本，功用为次要，所以呈现静态。因此，火其实也有实体形态，水也有其功用。正因如此，水火既能相互辅助，又能相互制衡。不只是水火之间存在这样的关系，天下的万事万物都是如此，关键在于如何去运用它们。”樵夫延续之前关于火与水的讨论，对火的本质提出新的疑问，想弄清楚火既然以功用著称，那是否也存在实体形态。

渔夫针对这一问题，深入阐述了火和水在本质属性上的区别与联系。他指出，火的核心价值在于它所发挥的功用，如燃烧、加热、照明等，这些功用是人们关注和利用火的关键，相比之下，火的实体形态较为抽象，且依赖于可燃物等载体才能显现，所以火以功用为本，在发挥作用时往往呈现出动态变化，如火焰的跳动、火势的蔓延。

而水则不同，它有着实实在在的物质形态，无论是液态的水流，还是固态的冰块、气态的水蒸气，其形态直观可感，这是水存在的根本。水的功用，如灌溉、饮用、运输等，是基于其物质形态衍生出来的，处于次要地位，水在常态下相对稳定，呈现静态。但这并不意味着火没有实体形态，如火焰本身就是火的一种实体表现，水也并非只有形态而无功用，它在诸多方面对人类生活和自然环境都至关重要。水火之间这种既相互区别又相互关联的特性，使得它们既能相互配合，如用火加热水来烹饪食物，又能相互制约，如水能灭火。

渔夫进一步将这种关系推而广之，强调世间万物都存在类似的内在联系，事物的本质与功用、动态与静态相互依存，关键在于人们能否正确认识并合理运用这些关系。例如，在农业生产中，农民需要了解土壤（体）与农作物生长（用）的关系，合理利用土壤特性种植农作物，在工业生产里，技术人员要把握机器（体）与生产功能（用）的联系，发挥机器最大效能。只有深谙事物的本质与功用，才能在实践中趋利避害，实现目标。

【感悟】

“体用相依、动静互藏”之理——————

推及万物，皆具“本质（体）与功能（用）”的双重属性，

土壤之固是体，育禾是用，

机器之形是体，生产是用。

“体用主次”知火之动需借体，

水之静能生用，方能在万物的动态平衡中。

以“知体达用”的智慧，

让事物在恰当运用中实现价值。

**【关键词解析】**

道：在“火之道生于用”中，“道”指：原理、规律。体现了樵夫对火产生及运行规律的思考，聚焦于火的功用与本质之间的联系。

本、末：“火以用为本，以体为末”和“水以体为本，以用为末”中的“本”意为：根本、核心，“末”意为：次要、从属。明确区分了火和水在本质属性上的侧重点，火重功用，水重实体形态。

动、静：“故动”“故静”中的“动”和“静”，描述了火和水在常态下的表现形式。“动”体现火在发挥功用时的变化性和活跃性；“静”突出水在保持实体形态时的稳定性和相对静上状态。

相济：“故能相济又能相息”中的“相济”意为相互辅助、相互配合，说明水火在一定条件下可以共同发挥作用，为人类生活和生产提供便利。

相息：“相息”表示：相互制衡、相互克制，与“相济”相对，体现水火之间存在对立关系，一方的力量可以影响甚至消除另一方的作用。

然：“非独水火则然”中的“然”意为：如此、这样，起到承上启下的作用，将水火之间的关系引申到天下万事万物，强调这种关系的普遍性。

用："在乎用之何如尔"中的"用"指：运用、使用，点明了理解事物关系的最终目的，即通过合理运用这些关系，实现对人类有益的价值，是对前文论述的实践升华。

【原文】

樵者曰："用可得闻乎？"

曰："可以意得者，物之性也。可以言传者，物之情也。可以象求者，物之形也。可以数取者，物之体也。用也者，妙万物为言者也，可以意得，而不可以言传。"

【译文】

樵夫追问道："关于事物的'用'，能不能详细给我讲讲呢？"

渔夫回答道："那些能够凭借内心感悟领会到的，是事物的本性；能够用言语清晰表达出来的，是事物的具体情状；可以通过表象去探寻认知的，是事物的外在形态；能够用数量来衡量获取的，是事物的实体构成。

而所谓'用'，是精妙地贯穿于万物运行之中的存在，它只能靠内心去意会领悟，却难以用具体的言语准确地描述出来。

就拿我们之前讨论的火与水来说，火的本性是燃烧释放热量，这种特性无法完全用言语说尽，只能在观察火焰燃烧、感受温度变化时去体悟；火燃烧时跳动的形态、水流动时的波纹，这些是可以通过眼睛直观看到的外在表象；而木材的体积、水的容量，则能用数量去计量其多少。

至于'用'，火的燃烧可以烹饪食物、锻造器具，水的流动可以灌溉农田、承载舟船，这些功用渗透在与万物的互动之中，难以用固定的语言去精准概括。如农具，从实体上看，它由各种部件构成，可以用尺寸、重量等数量来描述；其外在形态是犁铧、锄头的具体模样；它在田间耕作时翻土、除草的过程，是可以言说的情状；而农具顺应土地特性，助力农作物生长的深层原理，就是需要农人在长期劳作中用心感悟的'性'。

至于农具真正发挥作用，帮助人们实现丰收的过程，其中蕴含的‘用’，却很难用言语完整表达出来。它不仅涉及农具本身的构造和功能，还与使用者的技艺、土地的状况、气候的变化等诸多因素紧密相关，是一种微妙而复杂的存在。

所以说，‘用’存在于万物相互作用的过程中，需要人们在实践中去感知、去体会，而不能单纯依靠语言来传达。”

【感悟】

“用”的哲学本质——————

万物相互作用的过程，

需在实践中通过心悟去把握，

而非依赖固定语言定义，

体现了“用存于行，悟在于心”的哲理。

**【关键词解析】**

用：文中核心概念，在“用可得闻乎”中，指事物本身的功用、作用，以及事物在相互关系中发挥效能的方式和规律，是樵夫想要深入了解的关键内容。

性：“可以意得者，物之性也”中的“性”，意为事物的本性、本质属性，是事物内在的、相对稳定且难以直接用语言描述的特质，需要通过内心感悟来把握。

情："可以言传者，物之情也"里的"情"，表示事物的具体情状、实际情况，是能够通过语言表达出来的事物外在表现和运行过程。

象："可以象求者，物之形也"中的"象"，指表象、形象，即事物可被直观感知的外在形态，如颜色、形状、大小等，可通过观察来认识。

数："可以数取者，物之体也"里的"数"，意为数量，用于衡量事物实体构成的多少、大小等属性，如物体的长度、重量、个数等。

妙万物："用也者，妙万物为言者也"中的"妙万物"，形容"用"贯穿于万物之中，以精妙、微妙的方式影响和作用于万物，体现"用"的普遍性和复杂性。

意得：强调通过内心的思索、感悟去领会，与"言传"相对，突出对事物"性"和"用"的认知需要依靠主观体验和直觉思维 。

**【原文】**

曰："不可以言传，则子恶得而知之乎？"

曰："吾所以得而知之者，固不能言传，非独吾不能传之以言，圣人亦不能传之以言也。"

曰："圣人既不能传之以言，则六经非言也耶？"

曰："时然后言，何言之有？"

**【译文】**

樵夫疑惑地问道："既然事物的'用'难以用言语来表达，那你又是如何知晓它的呢？"

渔夫回答说："我之所以能够知晓事物的'用'，是因为它原本就无法用言语来传达。这并非只是我无法用言语表述，即便是圣人，也难以用言语将其完整地表达出来。"

樵夫又追问道：“倘若圣人也不能用言语来传达事物的‘用’，那么六经难道不是用言语写成的吗？（既然六经是用言语写成的，为何圣人不能用言语传达事物的‘用’呢？）”

渔夫解释道：“（六经虽由言语构成，但传达的道理需要在恰当的时机去理解和感悟。）只有在合适的时机，言语才具有意义。（对于事物的‘用’，不能仅仅依赖言语去理解，所以不能简单地认为六经中的言语就能完全表达事物的‘用’。）不然，空有言语又有什么用呢？（事物的‘用’是微妙的，言语只是一种辅助，在不合适的时机，即便有言语也无法准确传达其内涵。）就如同面对自然现象，仅仅用言语描述风的形态、水的流动是远远不够的，还需要在实际体验中去感受它们的作用和意义。

在不同的情境下，同样的言语可能有不同的含义和效果。比如在农业生产中，关于耕种的知识，仅仅依靠言语传授，而不结合实际的时节、土地等情况，是无法真正掌握其‘用’的。

对于六经所蕴含的道理也是如此，不能仅仅局限于文字表面的意思，而要在合适的时机，结合实际情况去领悟其中关于事物‘用’的智慧。所以说，不能简单地认为圣人可以通过言语将事物的‘用’完全传达出来，因为事物的‘用’是如此精妙，难以用言语尽述。”

【感悟】

言语唯在适时方显意义，若脱离情境，徒言无用 ------
风画水需亲历方知其功，
农耕之识必合时节土地方明其用，
六经之理亦需结合实际时机领悟，非拘于文字表面。
唯于具体情境中体证，方能契会 “用” 之精妙，
印证 “道可悟不可言，言必应机而发” 的哲理。

【关键词解析】

言传：在“不可以言传，则子恶得而知之乎”中，“言传”指用言语来表达、传递信息，樵夫质疑既然事物的“用”不能言传，渔夫是如何知晓的，体现了对认知方式和信息传递的思考。

恶（wū）：“则子恶得而知之乎”里的“恶”通“乌”，意为“怎么、如何”，表达了樵夫对渔夫知晓难以言传的事物之“用”的疑惑。

固：“吾所以得而知之者，固不能言传”中的“固”表示“本来、原本”，渔夫强调事物的“用”从本质上来说就难以用言语表述，突出了其难以言传的特性。

六经：“则六经非言也耶”中的“六经”指《诗》《书》《礼》《乐》《易》《春秋》六部经典著作，樵夫以六经为例，质疑圣人不能言传事物之“用”与六经用言语写成之间的矛盾，引出对言语和事物本质关系的探讨。

时：“时然后言，何言之有”中的“时”指合适的时机、恰当的情境，渔夫认为言语的作用需要在合适的时机才能体现，强调了理解事物之“用”不能单纯依赖言语，还须结合时机和实际情况。

何言之有：意思是“有什么言语（能表达）呢”，进一步强调了事物的“用”难以用言语表达，突出了言语在传达事物本质方面的局限性。

**【原文】**

樵者赞曰：“天地之道备于人，万物之道备于身，众妙之道备于神，天下之能事毕矣，又何思何虑！吾而今而后，知事心践形之为大。不及子之门，则几至于殆矣。”乃析薪烹鱼而食之，饫而论《易》。

**【译文】**

樵夫赞叹地说道：“天地运行的规律在人身上得以体现，万物发展的道理在人的自身之中完备存在，各种精妙的道理在人的精神层面得以蕴含。知晓了这些，天下能够做的事就都明了了，又何必再过多地思考和忧虑呢！从现在起，我明白了修养心性、践行于自身的行为是极为重要的。如果没有来到你这里交流，我几乎就要陷入迷惑和困境之中了。”

于是樵夫劈开柴，煮熟了鱼，大家一起吃着鱼，饱食之后谈论着《易经》。天地之间蕴含着无穷的道理，而人作为天地间的生灵，承载着天地运行的规律。人可以通过自身去感知万物的变化，万物的发展之道在人的行为和认知中有着相应的体现。各种精妙的思想和规律存在于人的精神世界里，人通过思考和感悟去理解这些道理，当明白了这些，对于天下之事就有了清晰的认知，很多事情也就有了处理的方法，自然就不需要过多的忧虑。

修养心性是指人要不断地提升自己的思想境界，让自己的内心更加纯净和智慧。践行于自身就是将所领悟到的道理运用到实际行动中。樵夫意识到这一点的重要性，如果没有和渔夫的这番交流，他几乎就要在迷茫中徘徊，难以找到方向。最后，樵夫劈开柴煮鱼，在饱食之后和渔夫谈论《易经》。

## 渔樵问对

《易经》作为一部蕴含着深刻哲学思想的经典，樵夫和渔夫通过谈论它，进一步探讨天地万物的规律和人生的道理。在吃饱之后进行这样的交流，也体现了他们在满足了基本的物质需求后，对精神世界的追求。樵夫通过这次交流，有了很大的收获，他开始从新的角度去思考和理解世界，也更加注重自身心性的修养和对道理的践行。

【感悟】

**天地规律映于人，万物道理存于心，精神含纳精妙之理——————**
**通过修心与实践契会天道，**
**在知行合一中洞见万物规律，**
**于物质与精神的平衡中探寻生命真谛，**
**彰显“天人合一，修心践行”之哲理。**

**【关键词解析】**

天地之道：“天地之道备于人”中的“天地之道”指的是天地运行的规律和法则，包含了自然现象背后的原理以及宇宙万物的变化规律，是一种宏观的概念。

万物之道：“万物之道备于身”里的“万物之道”是指世间万物各自的发展规律和生存方式，樵夫认为这些道理在人的身上有相应的体现，人可以通过自身去认识和理解万物。

神：“众妙之道备于神”中的“神”指人的精神、意识层面。各种精妙的道理存在于人的精神世界中，人通过思考、感悟等精神活动去领会这些道理。

事心践形：“吾而今而后，知事心践形之为大”中的“事心”指修养心性，即对自己内心世界的培养和提升；“践形”指将所领悟的道理践行于自身的行为之中。樵夫认识到这两者的重要性，这是他在与渔夫交流后的深刻感悟。

殆：“不及子之门，则几至于殆矣”中的“殆”表示危险、困境、迷惑。樵夫觉得如果没有和渔夫交流，他就会陷入对事物认知的困境，难以把握天地万物的道理。

析薪：“乃析薪烹鱼而食之”里的“析薪”即劈开柴，“析”有劈开、分解的意思。樵夫劈开柴来煮鱼，这一行为是他们生活中的一个场景，也象征着从实际行动中去实践所领悟的道理。

饫：“饫而论《易》”中的“饫”指饱食，樵夫和渔夫在吃饱之后谈论《易经》，体现了他们在满足物质需求后对精神文化的追求和探讨。

# 三、“物我”之辩

【原文】

渔者与樵者游于伊水之上。渔者叹曰：“熙熙乎万物之多，而未始有杂。吾知游乎天地之间，万物皆可以无心而致之矣。非子则孰与归焉？”

樵者曰：“敢问无心致天地万物之方？”

渔者曰：“无心者，无意之谓也。无意之意，不我物也。不我物，然后定能物物。”

【译文】

渔夫和樵夫一同在伊水岸边游玩。渔夫感叹道：“世间万物繁多纷杂，然而它们原本是和谐统一，并不杂乱无章的。我知道在天地之间游历，万物都可以在没有刻意追求的心态下自然获得或领悟。若不是和你一起，我又能和谁一同领悟这其中的道理呢？”

樵夫问道：“冒昧地问一下，做到没有刻意之心而获得天地万物的方法是什么呢？”渔夫解释说：“所谓‘无心’，说的就是没有刻意的意图。这种没有刻意意图的状态，就是不把万物当作仅仅是为我所用的东西。不把万物当作仅仅为我所用之物，这样之后才能够真正主宰和驾驭万物。

渔夫看到万物看似繁杂，实则有着内在的规律和秩序，他体会到在天地间游历，以一种不刻意、顺其自然的心态，反而能够更好地与万物相处，获得对万物的认知。

而樵夫对渔夫所说的“无心致之”的方法很感兴趣，便询问具体方式。渔夫进一步阐述，“无心”就是没有刻意的意图，当人不把万物单纯地看作满足自己需求的对象时，才能真正理解和掌控万物。例如，在对待自然万物时，如果只是从自身利益出发，想要征服和利用它们，可能会破坏万物的自然状态；而以“无心”的态度去对待，尊重万物的本性，反而能够更好地与它们和谐相处，发挥万物的作用。

在认识世界的过程中，这种“无心”的态度也能让人更客观地观察和理解事物，避免主观偏见对认知的影响。

【感悟】

无为而无不为——————

“不刻意追求”之心游历天地，方得自然真义。

“无心”即不视万物为利己工具，如此反能主宰万物。

放下刻意掌控的执念，

在顺应自然中实现与万物的深层联结，

于“无心”之境中抵达真正的主宰与领悟。

**【关键词解析】**

熙熙：“熙熙乎万物之多”中的“熙熙”意为繁多、纷杂的样子，描绘了万物数量众多且看似繁杂的状态，体现了渔夫对世间万物丰富多样的感慨。

无心："万物皆可以无心而致之矣"里的"无心"指没有刻意、没有私心杂念的心态，是渔夫认为能够与万物和谐相处并获得认知的关键态度。

方："敢问无心致天地万物之方"中的"方"表示方法、方式，樵夫对渔夫所说的"无心致之"的具体做法感兴趣，所以询问其方式。

无意："无心者，无意之谓也"中的"无意"和"无心"意思相近，强调没有刻意的意图，是对"无心"的进一步解释，突出了不带有主观欲望和目的的状态。

不我物："无意之意，不我物也"里的"不我物"是"不把万物当作仅仅为我所用之物"的意思，体现了一种尊重万物本性，不单纯从自身利益出发的态度。

物物："不我物，然后定能物物"中的前一个"物"是动词，后一个"物"是名词，"物物"表示主宰、驾驭万物，说明当以"不我物"的态度对待万物时，人才能真正掌握和利用万物，实现与万物的和谐共处。

**【原文】**

曰："何谓我，何谓物？"

曰：'以我徇物，则我亦物也；以物徇我，则物亦我也。我物皆致，意由是明。天地亦万物也，何天地之有焉？万物亦天地也，何万物之有焉？万物亦我也，何万物之有焉？我亦万物也，何我之有焉？何物不我？何我不物？如是则可以宰天地，可以司鬼神，而况于人乎？况于物乎？

**【译文】**

樵夫问道："怎样才算是'我'，怎样又算是'物'呢？"

渔夫回答说："倘若为了追逐外物而迷失自我，那么此时的我也就和普通的物体没有什么区别了；但要是让外物顺应我的本性，那么外物也就与我合为一体了。当达到'我'与'物'相互交融的状态时，其中的道理也就变得清晰明了了。天地其实也是万物中的一部分，哪里存在绝对独立的天地呢？万物同样也是天地的一部分，又哪里有绝对孤立的万物呢？万物与我本就相互依存，哪里有绝对独立的万物呢？我同样也是万物的一部分，又哪里有绝对孤立的'我'呢？没有哪种事物不能与我相互融合，也没有哪个'我'不能与事物达成统一。

从宏观的角度来看，天地与万物相互包含，彼此依存。比如，山川河流是天地的一部分，同时也是万物的一种存在形式；而人类作为'我'，也是万物中的一员，与其他事物相互关联。当我们能够明白这种'我'与'物'相互融合的道理时，就如同掌握了一种力量，仿佛可以主宰天地，可以驱使鬼神。

这并不是说真的拥有了可以随意支配天地、鬼神的能力，而是说当我们理解了'我'与'物'的关系后，就能够顺应自然规律，在天地万物之间找到自己的位置，从而在某种程度上实现对世界的认知和把握。这种认知不仅适用于天地、鬼神，对于人类自身和其他普通事物也是如此。

在日常生活中,我们与各种事物打交道,若能明白'我'与'物'的这种关系，就可以更好地处理与他人、与外界的关系。比如，我们在与他人相处时，不能仅仅从自身利益出发去利用他人，而应该让彼此的关系顺应一种和谐的状态，这样才能建立良好的人际关系。同样，在对待自然万物时，我们也不能过度索取，而应该让万物顺应其自身的生长规律,从而实现人与自然的和谐共处。"

【感悟】

逐外物而失己，则我同于物；使物顺本性，则物我合一 ----

认知上抵达 "物我无间" 之境，

如人际相处需破利己之心，

自然共处需循万物本性，

唯有超越 "我" 与 "物" 的对立执念，

方能在主客交融中洞见世界的本质关联，

实现对规律的认知与把握。

**【关键词解析】**

徇:在"以我徇物,则我亦物也"中,"徇"意为"屈从、追逐",体现了一种为了外物而失去自我特性的行为和状态。

我物皆致:"我物皆致，意由是明"，"致"可理解为"达到、实现"，"我物皆致"表示"我"与"物"达到相互融合、相互顺应的境界，这是理解其中道理的关键状态。

司:"可以司鬼神"中的"司"，意思是"掌管、掌控"，这里并非指实际意义上的掌控，而是在认知和精神层面上对超自然事物的一种把握和理解。

何……之有:"何天地之有焉""何万物之有焉""何我之有焉"中的"何……之有",是一种反问句式,表达"哪里有……呢",强调了天地、万物、"我"之间相互依存,不存在绝对独立的个体。

物我:文中"物"代表外界的各种事物，"我"代表自身。"物我"关系是渔夫阐述的核心,体现了两者相互依存、相互转化的哲学思想。

宰：“如是则可以宰天地”中的“宰”，有“主宰、支配”之意，并非指实际的主宰行为，而是在理解“物我”关系后，在认知和顺应自然规律的基础上，实现对天地万物的一种主动把握。

# 四、"名实"之辩

【原文】

樵者问渔者曰："天何依？"

曰："依乎地。"

曰："地何附？"

曰："附乎天。"

曰："然则天地何依何附？"

【译文】

樵夫向渔夫发问："天依靠什么而存在呢？"

渔夫回答道："天依靠着地而存在。"

樵夫又追问道："那地又依附于什么呢？"

渔夫回应说："地依附于天。"

樵夫接着说道："既然是这样，那么天地又分别依靠和依附于什么呢？"

在这段简短的对话中，樵夫对天地之间的依存关系产生了浓厚的兴趣。他首先询问天的依靠对象，渔夫给出了"天依于地"的观点，这或许是基于一种直观的认知，比如在人们的认知中，天如同覆盖在大地上的穹顶，地则是承载万物的基础，天的存在似乎依赖于地的支撑。然而，樵夫并不满足于此，他进一步追问地的依附对象，渔夫认为地依附于天。

这一观点体现了天地之间相互依存的关系，即地虽然是天的依托，但同时地的存在也离不开天的作用，比如天气的变化会影响地的生态环境，而地的状态也会对天的现象产生影响。

樵夫随后提出的“天地何依何附”这一问题，将讨论引向了更深入的层面。他不满足于简单的天地相互依存的观点，而是想要探寻天地背后更本质的依靠和依附关系。

这反映了樵夫对世界本质的思考，即天地之间的关系不仅仅是表面上的相互依存，可能存在着更深层次的联系。例如，在宇宙的运行中，天地之间的相互作用可能涉及物质、能量和规律等多个方面。这种对天地依存关系的深入探讨，也体现了人类对自然和宇宙的不断探索，以及对事物本质的追求。

【感悟】

万物相互依存的辩证关系——————
世间万物皆在相互作用中构建存在根基，
既无绝对独立的主体，亦无孤立存在的客体。
认知世界需超越线性因果观，
在“相依共生”的哲学维度中，
看见万物通过相互支撑而成就自身的本质规律，
于循环依存中洞见存在的深层逻辑。

**【关键词解析】**

依：在“天何依”和“依乎地”中，“依”表示“依靠、依赖”，是樵夫探究天存在基础的核心概念，渔夫的回答阐述了天对地的依赖关系，为讨论天地依存关系奠定了基础。

附："地何附"和"附乎天"里的"附"意为"依附、附着"，樵夫用"附"进一步追问地的依附对象，渔夫用这个词表达了地对天的依附，突出了天地之间相互依存的关系。

然则："然则天地何依何附"中的"然则"表示"既然这样，那么"，起到了承上启下的作用，樵夫借助这个词将对话引向更深入的探讨，引出了对天地相互依存关系的进一步思考。

何："天何依""地何附""然则天地何依何附"中的"何"表示"什么"，是樵夫用来引导问题、深入探究天地依存关系的关键疑问词，体现了他对天地依存关系的不断追问和对事物本质的探索。

**【原文】**

曰："自相依附。天依形，地附气。其形也有涯，其气也无涯。有无之相生，形气之相息。终则有始，终始之间，其天地之所存乎？"天以用为本，以体为末；地以体为本，以用为末。利用出入之谓神，名体有无之谓圣。唯神与圣，能参乎天地者也。

**【译文】**

（渔夫）说："（天地之间）相互依附。天依靠着自身的形态存在，地依附于（天地间的）气。天的形态是有边界的，而地所依附的气是没有边际的。有和无相互滋生，形态和气质相互作用。终结之后又会有新的开始，在这终与始的循环之中，大概就是天地存在的方式吧？"

天把功用当作根本，将实体形态视为次要，地把实体形态当作根本，把功用当作次要。善于运用（天地间的规律）使其发挥作用，这就叫做"神"，能够理解并阐明实体形态与有无变化的，就叫作"圣"。只有具备"神"与"圣"这样特质的，才能与天地的规律相契合。

## 四、“名实”之辩

天如同一个巨大的穹顶，有着一定的形态，这种形态限定了它的范围，然而天所蕴含的力量和作用却不受此限制，它通过阳光照耀、风雨变化等功用影响着世间万物，所以说天以功用为本。

地则是实实在在的物质存在，山川、河流、土地等构成了地的实体形态，它承载着万物，地所依附的气虽然无形却充满力量，滋养着大地上的一切。地的功用体现在孕育万物、承载万物等方面，但实体形态才是其根本所在。比如，四季的更替，草木的荣枯，都是天地间有和无相互转化、形态和气质相互作用的体现。

春天万物复苏，这是“有”的萌生，冬天万物凋零，可看作“无”的体现，但凋零中又蕴含着新的生机，这就是有无相生。而大地的形态影响着气候、环境等气质的变化，气质的变化又反过来作用于大地的形态，这就是形气相息。

明白了这些，像“神”一样巧妙运用天地规律，又像“圣”一样透彻理解天地本质的人，才能真正理解和顺应天地的运行，与天地和谐共处。

【感悟】

“天地相依”运行的辩证法则——————

天依形存而以功用为本，

地附气在却以实体为基，

二者借“有无相生、形气相息”形成循环。

如四季荣枯、草木轮回，皆显“有无转化、形气互动”之理

道破宇宙在对立统一中永恒运转的本质。

世人于形质与功用的辩证中，

领悟天人合一的生存智慧。

【关键词解析】

依：“自相依附”“天依形”中的“依”意为“依靠、凭借”，表明天地之间以及天自身形态上的依存关系，体现了事物存在的基础和条件。

附：“地附气”里的“附”表示“依附、附着”，说明地与气之间的关系，气是地存在和发挥作用的重要依托。

形：“天依形”“其形也有涯”中的“形”指“形态、形状”，描绘了天具有一定的外在表现形式，且这种形态是有边界的，是对天的一种直观描述。

气：“地附气”“其气也无涯”中的“气”，是一种抽象的概念，代表着一种无形却对事物产生重要影响的力量，地依附于气，气的无边无际也反映了其在天地关系中的重要性。

相生：“有无之相生”中的“相生”，指相互滋生、相互转化，体现了“有”和“无”之间的辩证关系，揭示了事物发展变化的内在规律。

相息：“形气之相息”中的“相息”，表示相互作用、相互平衡，强调了形态和气质之间的相互影响，形态的变化会影响气的状态，气的变化也会对形态产生作用。

用：“天以用为本”中的“用”，指功用、功能，突出了天对万物产生的作用和影响，是天存在的价值体现。

体：“天以用为本，以体为末；地以体为本，以用为末”中的“体”，表示实体形态，说明了天地在本质属性上对功用和形态的不同侧重。

神：“利用出入之谓神”中的“神”，代表着一种神奇的能力，即能够巧妙运用天地间的规律，使事物发挥出最大的功用，是对天地规律的深刻理解和运用。

圣：“名体有无之谓圣”中的“圣”，表示一种智慧，能够清晰地认识和阐明天地的实体形态以及有无变化，体现了对天地本质的深入认知。

**【原文】**

小人则日用而不知，故有害生实丧之患也。夫名也者，实之客也；利也者，害之主也。名生于不足，利丧于有余。害生于有余，实丧于不足。此理之常也。养身者必以利，贪夫则以身殉，故有害生焉。

**【译文】**

（渔夫继续说道）一般见识浅陋的人（小人），每天都在接触和运用这些道理（天地间的规律），却并不真正知晓其中的奥秘，所以会产生有害于自身，使真实（的本性、利益等）丧失的忧患。

“名”（名声、名誉），是依附于“实”（实际、实质）而存在的次要事物（客，指次要的、依附的）。而“利”（利益），是产生“害”（灾害、祸患）的主要根源。名声产生于人们对自身不足的追求（比如为了弥补自身在某些方面的欠缺，而去追求名声），利益的丧失往往是因为过度的贪婪（有余，指过度、过量）。

灾害的产生源于过度的欲望（有余），而真实的本性、利益等的丧失则是因为内心的匮乏（不足，指内心的不满足、缺失），这是事物发展的常理。保养身体、维持生命（养身）必然需要借助利益（利，这里可理解为物质等对生存的支持），但贪婪的人却为了追求利益而不惜牺牲自己的身体和生命（以身殉），所以就会产生危害自身的情况。比如在生活中，一些人追求名声，是因为他们觉得自己在某些方面不够好，试图通过名声来证明自己，然而过度追求名声，可能会让他们陷入虚假的光环中，失去真实的自我。

而对于利益，人们维持生活确实需要一定的物质基础，但如果过度贪婪，比如那些贪官污吏，为了获取更多的财富不择手段，最终不仅损害了他人的利益，也给自己带来了灾祸，失去了原本安稳的生活，甚至失去生命。所以，明白天地间的规律，不过分追求名和利，保持内心的平衡，才能避免有害的情况发生，维持自身的真实和安稳。

【感悟】

“不足求名、过贪丧利”——————

求名者补内心匮乏，却困于虚假光环，

逐利者因贪婪无度，反遭灾祸反噬。

唯明晓名实相依、利害同源，

以知足之心破贪婪之念，

方能在天地规律中持守本真，

于名利纷扰间得见安稳。

**【关键词解析】**

小人：在文中指见识浅陋、缺乏对事物本质认识的人，与能够领悟天地规律的人相对，他们虽每日接触事物的规律却不知其理，是产生危害的主体。

日用：“小人则日用而不知”中的“日用”表示每天都在运用、使用，强调人们在日常生活中与天地规律的接触，但因缺乏认知而无法真正理解和运用这些规律。

名：“名也者，实之客也”中的“名”指名声、名誉，是外在的、依附于“实”而存在的事物，它的产生和存在依赖于实际的行为和品质。

实：与“名”相对，代表实际、实质，如人的真实本性、事物的本质等，是“名”的基础，强调内在的、真实的东西。

利：“利也者，害之主也”中的“利”指利益，包括物质财富等，它是产生危害的主要因素，过度追求利益会带来祸患。

害：表示灾害、祸患，如对自身的损害、对事物发展的阻碍等，与“利”相互关联，利益的过度追求会导致危害的产生。

有余：“利丧于有余”“害生于有余”中的“有余”指过度、过量，如过度的欲望、过多的追求等，是产生危害和利益丧失的原因。

不足：“名生于不足”“实丧于不足”中的“不足”指内心的不满足、缺失，如自身某些方面的欠缺，是追求名声和导致真实丧失的因素。

养身：“养身者必以利”中的“养身”指保养身体、维持生命，说明利益对于生命的维持有一定的必要性，但过度贪婪利益则会带来危害。

以身殉：“贪夫则以身殉”中的“以身殉”指为了追求某种东西（这里指利益）而不惜牺牲自己的身体和生命，突出了贪婪之人因过度追求利益而陷入的极端行为和后果。

**【原文】**

立身必以名，众人则以身殉名，故有实丧焉。窃人之财谓之盗，其始取之也，唯恐其不多也。及其败露也，唯恐其多矣。夫贿之与赃，一物而两名者，利与害故也。窃人之美谓之徼，其始取之也，唯恐其不多也。及其败露，唯恐其多矣。夫誉与毁，一事而两名者，名与实故也。

【译文】

在立身处世方面，人们常常把名声当作依靠。然而一般人却为了名声不惜牺牲自己的生命，因此会导致真实的自我、实际的利益等方面的丧失。

偷窃别人的钱财这种行为称为盗窃。那些盗窃者在开始偷取财物的时候，心里只怕得到的财物不够多。等到盗窃行为败露的时候，又只怕自己偷取的财物数量太多，从而受到更严厉的惩处。

贿赂和赃物，同样是这些财物，却有不同的称呼，这是因为其中涉及利益和危害的因素。从获取利益的角度看是贿赂，从造成危害的角度看就是赃物。 窃取他人的功绩、美德等并据为己有被称为邀名。那些邀名的人在开始获取名声的时候，只怕得到的赞誉不够多。可等到事情败露时，又只怕自己获取的虚名太多，从而身败名裂。

赞誉和诋毁，对于同一件事情却有两种不同的评价，这是名声与实际情况之间的关系导致的。当一个人的行为和品质与所获得的名声相符时，就会得到赞誉；而当名不副实，通过不正当手段获取名声时，最终会遭到诋毁。例如，有些官员为了获得好名声，表面上做一些善事，实际上却行不法之事来谋取私利。

开始时，他们追求更多的赞誉和利益，通过各种手段窃取他人的功绩来抬高自己的名声。但一旦事情败露，他们所追求的名声就会瞬间崩塌，同时还会受到法律的制裁和舆论的谴责。这就如同盗窃者，起初贪图财物，不顾后果，等到东窗事发，才后悔自己获取的财物过多。所以，无论是追求利益还是名声，都应该基于真实的自我和实际的行为，否则就会陷入名不副实、利令智昏的境地，最终失去更多。

## 四、“名实”之辩

【感悟】

以名立身却常为名利殉身 ————————
逐利者视财为利却不见害，
求名者贪名之虚而忘本真，
终致利令智昏、名裂身败。
唯以真实自我与行为为基，
不贪虚名利禄，方能在利弊交织中守心明性，
避陷因小失大之困局。

**【关键词解析】**

立身：“立身必以名”中的“立身”指在社会中安身立命、立足于世，强调了名声在人们立身处世过程中的重要性，同时也引出众人因过度追求名声而产生的后果。

以身殉名：众人“以身殉名”意思是为了名声不惜牺牲自己的生命或真实的自我、实际利益等，突出了过度追求名声的弊端。

盗：“窃人之财谓之盗”中的“盗”指盗窃行为，明确了窃取他人财物这种不正当获取利益的行为性质。

贿、赃：“夫贿之与赃，一物而两名者”中，“贿”指通过不正当手段给予或获取的财物以谋取利益，“赃”指通过盗窃、贪污等非法手段获取的财物。二者本质上可能是同一批财物，但因获取方式和造成的影响不同而有不同的称呼，体现了利益与危害的不同表现形式。

徼：“窃人之美谓之徼”里的“徼”通“邀”，意为窃取他人的功绩、美德等来为自己谋取名声，描述了不正当获取名声的行为。

誉、毁：“夫誉与毁，一事而两名者”中，“誉”指赞誉、称赞，“毁”指诋毁、指责。对于同一件事情，根据行为与名声是否相符而产生不同的评价，体现了名与实之间的辩证关系。

名、实：“名与实故也”中的“名”指名声、名誉，“实”指实际的行为、品德、才能等。强调了名声应与实际相符，否则就会出现名不副实的情况，从而引发赞誉或诋毁。

利、害：文中多次体现的“利”（利益）和“害”（危害），如盗窃、邀名等行为中，追求利益过度会带来危害，揭示了利益与危害相互依存、相互转化的关系。

**【原文】**

凡言朝者，萃名之地也，市者，聚利之地也。能不以争处乎其间，虽一日九迁，一货十倍，何害生实丧之有耶？是知争也者取利之端也，让也者趋名之本也。利至则害生，名兴则实丧。利至名兴，而无害生实丧之患，唯有德者能之。天依地，地会天，岂相远哉！

**【译文】**

大凡说到朝廷，那是人们汇聚名声的地方，说到集市，那是人们聚集利益的地方。如果能够做到在这些地方不与人争斗，那么即使在朝廷中一日之内多次升迁，在集市上货物能获取十倍的利润，又怎么会产生有害于自身且丧失真实本性的情况呢？

由此可知，争斗是人们获取利益的开端，而谦让是追求名声的根本。利益过度追求就会产生危害，名声过度兴起就会丧失真实。若在追求利益和名声的过程中，能做到利益得到、名声兴起，却没有有害于自身和丧失真实本性的忧患，只有具备高尚品德的人才能做到。天依靠着地，地与天相互交会，它们之间的关系哪里是相互远离的呢？就如同朝廷和集市中追求名利的情况一样，看似不同的事物之间存在着内在的联系。

在朝廷中，人们追求名声，若以争斗的方式去获取，就可能会陷入名不副实的境地；在集市上，人们追逐利益，过度的争斗会导致危害的产生。而具备高尚品德的人，能在朝廷和集市这样的环境中，以谦让的态度对待名利，从而避免有害和丧失真实的情况。

如在朝廷中，一些品德高尚的官员，不与他人争权夺利，凭借自己的才能和品德获得升迁，他们的名声是真实且受人尊敬的；在集市上，诚信经营的商人，不通过不正当手段谋取暴利，以合理的方式获取利益，既能获得利润又不会给自己带来危害。这就如同天地之间相互依存的关系，朝廷和集市中追求名利的行为也需要遵循一定的规律和道德准则，才能实现名利双收且不损害自身的目的。

【感悟】

“不争而善胜” 的哲理 ------

名利场中若弃争斗之心，
以谦让为行，循道德准则，
便能在名与利的诱惑中持守真实，
于天地般的依存关系里，
达成既得利益又全本性的境界。

**【关键词解析】**

朝：“凡言朝者，萃名之地也”中的“朝”指朝廷，是人们追求和汇聚名声的场所，体现了朝廷在人们追求名声方面的重要性。

市：“市者，聚利之地也”里的“市”指集市，是人们聚集和获取利益的地方，突出了集市在经济活动中作为利益汇聚地的特点。

争："能不以争处乎其间"中的"争"指争斗、争夺，说明在追求名利的过程中，争斗是获取利益的开端，同时也可能带来危害。

让："让也者趋名之本也"中的"让"指谦让，强调了谦让在追求名声过程中的重要性，是追求真实名声的根本。

利：文中多次提到的"利"指利益，如在集市中人们追求的经济利益，以及在朝廷中因权力等带来的利益，过度追求利益会产生危害。

名："名兴则实丧"中的"名"指名声、名誉，在朝廷中人们追求的名声，过度追求名声会导致丧失真实本性。

德："唯有德者能之"里的"德"指品德，具备高尚品德的人能够在追求名利的过程中，做到既获得利益和名声，又不产生有害于自身和丧失真实的情况。

依："天依地"中的"依"表示依靠，说明天对地的依存关系，体现了天地之间相互依存的特点。

会："地会天"里的"会"意为交会、会合，强调地与天之间相互关联、相互作用的关系，如同朝廷和集市中名利追求的内在联系。

# 五、"治乱"之辩

【原文】

渔者谓樵者曰："天下将治，则人必尚行也，天下将乱，则人必尚言也。"尚行，则笃实之风行焉，尚言，则诡谲之风行焉。天下将治，则人必尚义也，天下将乱，则人必尚利也。尚义，则谦让之风行焉，尚利，则攘夺之风行焉。

【译文】

渔夫对樵夫说道："当天下即将走向大治的时候，人们必定会崇尚实际的行动；而当天下即将陷入混乱的时候，人们往往会崇尚夸夸其谈。"

当人们崇尚实际行动时，笃厚诚实的风气就会盛行。就像在一个即将实现大治的社会里，人们会踏踏实实地做事，用实际行动来创造价值，每个人都专注于自己的工作和职责，通过辛勤的努力来推动社会的发展。例如，在太平盛世，工匠会精心制作器物，农民会认真耕种土地，官员会公正地处理政务，大家都以实际行动来为社会的繁荣贡献力量，这种笃实的风气使得社会秩序井然，人们相互信任，共同进步。

而当人们崇尚言辞的时候，诡诈、欺诈的风气就会蔓延开来。在天下即将大乱之际，有些人会凭借花言巧语来谋取私利，用虚假的言辞来迷惑他人。比如，一些人会通过巧言令色来获取权力和财富，不顾实际行动和真实情况，只注重言辞的表达而忽视了实际的效果。这种诡谲之风会导致社会的信任缺失，人们之间互相猜疑，社会秩序也会因此而混乱。

当天下即将实现大治的时候，人们必定会崇尚道义；当天下即将陷入混乱的时候，人们往往会崇尚利益。当人们崇尚道义时，谦让的风气就会盛行。在崇尚道义的社会中，人们会以道义为准则来规范自己的行为，懂得相互尊重和包容，在利益面前能够做到谦让。例如，在一个以道义为导向的环境里，人们会在遇到利益冲突时，主动考虑他人的感受，不贪图一己之利，这种谦让的风气促进了人际关系的和谐，也维护了社会的稳定。而当人们崇尚利益时，掠夺争抢的风气就会盛行。

在一个只注重利益的社会里，人们为了获取更多的利益，会不择手段地去争夺。比如，在天下大乱之时，有些人会为了私利而不顾道义，甚至不惜伤害他人来满足自己的欲望，这种攘夺之风破坏了社会的公平和正义，使得社会陷入动荡不安的局面。总之，天下的治乱与人们所崇尚的行为和价值观念密切相关，不同的风气会对社会的发展产生截然不同的影响。”

【感悟】

“世道人心，以行显兆” 之理 ——————

行为选择映价值观走向，而价值观又塑社会风气，

唯守实干道义之本，方能避虚浮逐利之祸，

于人心向背中定天下治乱之局。

【关键词解析】

尚行：“天下将治，则人必尚行也”中的“尚行”指崇尚实际行动，强调在天下大治的情况下，人们注重通过实际行动来实现目标和推动社会发展。

尚言：“天下将乱，则人必尚言也”里的“尚言”意为崇尚言辞，说明在天下即将混乱时，人们更倾向于用言辞来表达和获取利益，而忽视实际行动。

笃实：“尚行，则笃实之风行焉”中的“笃实”表示笃厚诚实，形容崇尚实际行动时所形成的一种踏实、诚信的社会风气。

诡谲：“尚言，则诡谲之风行焉”中的“诡谲”指诡诈、欺诈，描绘了崇尚言辞时所产生的虚假、不诚实的社会风气。

尚义：“天下将治，则人必尚义也”中的“尚义”指崇尚道义，突出天下大治时人们以道义为行为准则，注重道德和正义。

尚利：“天下将乱，则人必尚利也”里的“尚利”意为崇尚利益，说明天下即将混乱时人们更关注个人利益，甚至为了利益不择手段。

谦让：“尚义，则谦让之风行焉”中的“谦让”表示在崇尚道义的情况下，人们在利益和机会面前能够做到谦逊、礼让，维护良好的人际关系和社会秩序。

攘夺：“尚利，则攘夺之风行焉”中的“攘夺”指掠夺、争抢，体现了崇尚利益时人们为了获取利益而进行的激烈争夺，破坏了社会的和谐与稳定。

**【原文】**

三王，尚行者也；五霸，尚言者也。尚行者必入于义也，尚言者必入于利也。义利之相去，一何如是之远耶？是知言之于口，不若行之于身，行之于身，不若尽之于心。言之于口，人得而闻之，行之于身，人得而见之，尽之于心，神得而知之。人之聪明犹不可欺，况神之聪明乎？

**【译文】**

渔夫继续对樵夫说：“远古时期的三王（夏禹、商汤、周文王和周武王等贤明君主），是崇尚实际行动的人；春秋时期的五霸（齐桓公、晋文公、秦穆公、宋襄公、楚庄王等诸侯霸主），是崇尚言辞的人。”

崇尚实际行动的三王，他们的行为必定是符合道义的。比如夏禹治水，他亲自率领民众疏通河道，不辞辛劳地奔走于治水一线，用实际行动为百姓谋福祉，践行着道义。商汤推翻暴虐的夏桀，周文王、周武王推翻商纣，他们都是通过实实在在的行动，去实现正义，建立起符合道义的统治，让百姓生活安定，社会秩序井然。

而崇尚言辞的五霸，他们的行为更多是为了追求利益。例如齐桓公凭借管仲的谋略，通过各种言辞来号令诸侯，在这个过程中，虽然也有成就霸业的一面，但更多是为了扩充自己的势力范围，获取更多的利益。其他几位霸主也大致如此，他们善于运用言辞来达到自己的目的，在追求利益的道路上不断前行。

道义和利益之间的差距，怎么会如此之大呢？由此可知，仅仅从口中说出道义，不如将道义付诸自身的行动；将行动落实在自身，又不如让道义完全存于内心。从口中说出道义，别人能够听到，然而听到的并不一定能够真正理解和接受；将道义付诸行动，别人能够看到，看到的行为或许能给人以直观的感受，但这还不够；只有让道义完全存于内心，凭借精神层面的领悟，才能真正理解和践行道义。

人的智慧和判断力是不可欺骗的，更不用说神明的智慧和洞察力了。比如，有些人表面上说着仁义道德的话，但实际行动却与之相悖，人们通过观察其行为就能识破这种虚假；而那些真正将道义融入内心的人，他们的行动自然而然地符合道义，这种由内心而发的行为才能真正赢得人们的尊重和信任，也更能得到神明的认可。所以，我们应该努力让道义完全存于内心，通过内心的领悟来指导自己的行动，而不是仅仅停留在口头上。

【感悟】

“道义之本在内心觉悟，非言行表象” 之理 ------

伪善者言义而行违，终被识破。

真仁者心融道义，其行自洽。

强调唯有以心为基，

方能让道义超越形式，抵达本真之境。

**【关键词解析】**

三王：指夏禹、商汤、周文王和周武王等古代贤明君主，他们以实际行动治理国家，追求道义，是崇尚实际行动的代表，象征着理想的统治者形象。

五霸：即齐桓公、晋文公、秦穆公、宋襄公、楚庄王等春秋时期的诸侯霸主，他们善于运用言辞来达到自己的目的，更多地追求利益，与三王形成鲜明对比。

尚行：“三王，尚行者也”中的“尚行”表示崇尚实际行动，强调通过实际行动来实现目标和践行道义。

尚言：“五霸，尚言者也”里的“尚言”意为崇尚言辞，说明五霸更多地依靠言辞来达到自己的目的，如通过外交辞令、谋略等获取利益。

义：“尚行者必入于义也”中的“义”指道义、正义，是三王行动的准则，代表着高尚的道德和行为规范。

利：“尚言者必入于利也”中的“利”指利益，体现了五霸行为的动机，突出了他们在追求霸业过程中对利益的追求。

尽之于心：“行之于身，不若尽之于心”中的“尽之于心”表示将道义完全存于内心，强调内心对道义的领悟和坚守，这是真正践行道义的关键。

神：“况神之聪明乎”中的“神”代表神明，强调神明的智慧和洞察力，用以说明人的行为和内心的真实状态最终会被洞察，突出内心领悟道义的重要性。

【原文】

是知无愧于口，不若无愧于身，无愧于身，不若无愧于心。无口过易，无身过难，无身过易，无心过难。既无心过，何难之有！吁，安得无心过之人，与之语心哉！”

【译文】

由此可知，做到说话没有差错，不如做到自身行为没有差错；做到自身行为没有差错，又不如做到内心没有差错。要做到说话没有差错相对容易，而要做到自身行为没有差错就比较困难；做到自身行为没有差错相对容易，而要做到内心没有差错则更为困难。一旦做到内心没有差错，那么还有什么困难可言呢！唉，到哪里才能找到内心没有差错的人，与他谈论内心的感悟呢！

就拿日常生活中的例子来说，一个人可能会在言语上注意自己的言辞，尽量不说错话，但在实际行动中，可能会因为各种因素而犯错。比如，一个人可能会承诺帮助别人，但在实际行动中却因为懒惰或者其他原因而没有兑现承诺，这就是行为上的差错。

而内心的差错则更为隐蔽，一个人可能表面上行为端正，但内心却充满了自私、贪婪等不良想法，这种内心的状态会影响到他的行为和言语。

要做到内心没有差错，就需要不断地反思自己的内心，培养自己的品德和修养。一个内心没有差错的人，他的言语和行为自然会符合道德规范，也更容易获得他人的尊重和信任。然而，在现实生活中，这样的人却很少见。所以，当我们思考如何做到内心没有差错时，也在思考如何成为一个更好的人。当我们遇到内心没有差错的人时，就能够与他深入交流，探讨内心的感悟，从而让自己也得到提升。

【感悟】

如承诺未践是行差，心藏贪念则是根错——————

世人多困于表面规范，少察内心根源，

殊不知心为言行之本，若心澄念正，何愁言行有失?

然觅心无差者难，唯以此为向，

常省内心、修德养性，方能从根源上止息差错，

抵达“心正而行端”的本真之境。

**【关键词解析】**

无愧于口：“是知无愧于口”中的“无愧于口”指的是说话符合道德规范，没有说错话、说假话，能够对自己的言辞负责。

无愧于身：“不若无愧于身”里的“无愧于身”表示自身的行为没有过错，言行一致，能够将自己的言语转化为符合道德和伦理的实际行动。

无愧于心：“无愧于身，不若无愧于心”中的“无愧于心”强调内心的纯净和正直，内心没有不良的想法和欲望，做到问心无愧，这是一种更高层次的道德境界。

口过：“无口过易”中的“口过”指的是言语上的差错，如说谎、恶语伤人、言辞不当等行为。

身过："无身过难"里的"身过"表示行为上的过错，即实际行动中违背道德、法律和伦理规范的行为。

心过："无身过易，无心过难"中的"心过"指内心存在不良的思想、情感和欲望，如贪婪、自私、嫉妒等，这些内心的状态会影响人的行为和言语。

无心过之人："安得无心过之人"中的"无心过之人"指的是内心没有差错，道德高尚，能够真正做到言行一致、问心无愧的人，是一种理想化的人格状态。

# 六、“观物”之辩

【原文】

渔者谓樵者曰：“子知观天地万物之道乎？”

樵者曰：“未也。愿闻其方。”

【译文】

渔夫对樵夫说道：“你知晓观察天地万物运行规律的方法吗？”

樵夫回应道：“并不知晓。真心希望能聆听关于观察天地万物规律的方法。”

渔夫的这一提问，所涉及的“天地万物之道”，是一个宏大且深刻的概念。天地之间，从日月星辰的运转，到山川河流的演变，从花草树木的生长荣枯，到飞禽走兽的生息繁衍，万事万物都遵循着一定的规律。例如，太阳东升西落，月亮的阴晴圆缺，四季按照春生、夏长、秋收、冬藏的节奏循环往复，这些自然现象背后蕴含着宇宙运行的法则。而世间的各种生物，都有着各自独特的生存方式和发展规律，它们相互依存、相互影响，共同构成了丰富多彩的世界。

樵夫坦诚自己不知道观察天地万物之道的方法，并且表达了强烈的求知欲望。樵夫每日在山林中砍柴，与自然紧密接触，他深知天地万物之中隐藏着无数的奥秘。比如，他看到树木的生长与环境的关系，不同的树木在不同的土壤、气候条件下有着不同的生长状态，但他却不明白这些现象背后的原理。所以，渔夫所提及的观察方法，对他来说就像是一把可能开启认知大门的钥匙，能够帮助他更好地理解自然，理解自己与自然的关系。

樵夫希望通过学习观察天地万物的方法，能够更深入地认识这个世界，从而在生活中更好地与自然相处，利用自然的规律为自己的生活服务。

【感悟】

天地万物皆循规律——————

身处自然却常困于表象，虽感知万物变化，却难窥内在法则。

唯有探寻观物之法，方能超越经验直观，

从草木荣枯、星移斗转中洞见天地运行的深层逻辑，

在与自然的互动中实现从“知其然”到“知其所以然”的认知跃升，

最终达成与万物规律的深层契合。

**【关键词解析】**

道：“子知观天地万物之道乎”里的“道”，指的是天地万物运行变化的内在规律、法则以及事物的本质和原理，是一种抽象且深刻的概念，涵盖了自然界和世间万物的方方面面。

观：“子知观天地万物之道乎”中的“观”，不仅仅是简单地用眼睛看，更强调用心去洞察、去探究天地万物的规律，是一种主动的、深入的认知行为。

天地万物：这一词语包含了整个自然界的所有事物，从宏观的天地宇宙到微观的花草虫鱼，从无生命的物质到有生命的生物，是观察和探索的对象，体现了世界的多样性和复杂性。

方：“愿闻其方”中的“方”，意思是方法、方式，樵夫想知道的是观察天地万物规律的具体途径和手段，表达了樵夫对获取知识的渴望和对探索世界的追求。

**【原文】**

渔者曰：“夫所以谓之观物者，非以目观之也，非观之以目，而观之以心也；非观之以心，而观之以理也。天下之物，莫不有理焉，莫不有性焉，莫不有命焉。所以谓之理者，穷之而后可知也；所以谓之性者，尽之而后可知也；所以谓之命者，至之而后可知也。

**【译文】**

渔夫接着说道：“之所以说观察事物，并非仅仅依靠眼睛去看。不是用眼睛观察事物，而是要用心去洞察，也并非仅仅用心去感知，更要依靠事物的道理、规律来认识。”天下的万事万物，都存在着一定的道理、规律，都有其独特的本性，也都有着各自的命运。

所谓事物的道理、规律，是需要深入探究、穷尽其中的奥秘后才能知晓的。比如，我们看到水往低处流这一现象，不能仅仅停留在表面的观察，而是要深入思考水流动背后的物理原理，像重力、地势等因素对水流动的影响，通过对这些因素的研究，才能真正理解水往低处流的道理。

所谓事物的本性，是要彻底了解事物的本质特征后才能明白。就像树木，有的树木高大挺拔，有的树木矮小丛生，不同的树木有着不同的习性，有的喜阳，有的耐阴，只有深入了解这些特性，才能真正认识树木的本性。

所谓事物的命运，是要亲身经历、达到一定的认知高度后才能知晓。如一颗种子，从播种到发芽、生长、开花、结果，再到枯萎，它的整个生命过程受到多种因素的影响，包括土壤、气候、人为的照料等，只有经历了这些过程，对这些影响因素有了充分的认识，才能知晓这颗种子的命运。

因此，观察事物不能仅仅停留在表面的视觉观察，而要用心去思考，用道理、规律去认识事物。用心去观察事物，能够深入了解事物的内在本质；用道理、规律去认识事物，能够把握事物的发展变化。只有这样，才能真正理解天地万物的运行规律，更好地与自然相处，从自然中获取知识和智慧。

【感悟】

非凭眼观，当以心洞察，更依规律认知——————

观物需超越表象，以心思溯本质，

以规律推变化，如此方能洞见万物运行之轨，

在与自然的深度联结中，

既明事物内在之理，亦得与天地共生的智慧，

实现从“看见”到“深知”的认知升华。

**【关键词解析】**

观物：“夫所以谓之观物者”中的“观物”，指的是对天地万物的观察和认知，不仅仅是简单地用眼睛看，更强调深入探究事物的本质和规律。

目：“非以目观之也”里的“目”代表眼睛，这里强调观察事物不能仅仅依靠视觉上的观察，要超越表面的视觉认知。

心：“非观之以目，而观之以心也”中的“心”表示用心去思考、感悟，用心观察能够深入了解事物的内在本质，是对观察事物方式的一种深化。

理：“非观之以心，而观之以理也”中的“理”指事物的道理、规律，通过对事物道理和规律的认识，能够更准确地把握事物的发展变化。

性：“天下之物，莫不有理焉，莫不有性焉”中的“性”指事物的本性、本质特征，不同事物有着各自独特的本性，了解事物的本性有助于更全面地认识事物。

命：“莫不有命焉”里的“命”指事物的命运、发展轨迹，事物的命运受到多种因素的影响，通过对这些因素的认识可以知晓事物的发展趋势。

穷：“所以谓之理者，穷之而后可知也”中的“穷”有穷尽、深入探究的意思，强调对事物道理的认识需要深入探究，不能停留在表面。

尽：“所以谓之性者，尽之而后可知也”中的“尽”表示彻底、全面地了解，只有全面了解事物的本性，才能真正认识事物。

至：“所以谓之命者，至之而后可知也”中的“至”有亲身经历、达到一定认知高度的意思，强调对事物命运的认识需要亲身经历和深入的认知。

**【原文】**

此三知也，天下之真知也，虽圣人无以过之也。而过之者，非所以谓之圣人也。夫鉴之所以能为明者，谓其能不隐万物之形也。虽然鉴之能不隐万物之形，未若水之能一万物之形也。虽然水之能一万物之形，又未若圣人之能一万物情也。圣人之所以能一万物之情者，谓其圣人之能反观也。所以谓之反观者，不以我观物也。不以我观物者，以物观物之谓也。

**【译文】**

这三种认知（此三知，需结合前文明确具体所指），乃是天下真正的知识，就算是圣人也无法超越它们。而那些自认为能够超越这三种认知的人，也就不能被称作圣人了。

镜子之所以能够被视为明亮之物，是因为它能够毫不隐瞒地映照出万物的形状。即便镜子能够清晰地呈现万物的外形，可它仍然比不上水，水能够将万物的形态融为一体。

水的奇妙之处在于，它不仅能容纳万物的形态，还能以一种独特的方式使万物的形态在其中得到统一的体现。比如，无论多么复杂多样的物体投入水中，水都能根据其轮廓和形状，将它们的形态进行整合与呈现。然而，即便水有如此强大的能力，能够统一万物的形态，却还是比不上圣人。

圣人的厉害之处在于，他们能够统一万物的情感。圣人之所以能够做到这一点，是因为他们拥有一种特殊的能力，叫作“反观”。所谓“反观”，就是不凭借自己的主观意识去观察万物。如果仅仅从自己的角度出发，带着个人的情感、偏见和欲望去看待世界，就很难真正理解事物的本质。

而圣人能够做到“不以我观物”，也就是不把自己的主观意志强加于万物之上。他们以一种客观的、纯粹的方式，“以物观物”，即从万物本身的特性和规律出发去认识和理解它们。比如，在观察一朵花时，普通人可能会根据自己的喜好来评判花的美丑，或者根据花的香气、颜色等表面特征来认识它。而圣人则会抛开自己的主观偏好，去关注花的生长规律、与周围环境的关系，以及它在自然界中的地位和作用。

通过这种“以物观物”的方式，圣人能够深入地了解万物的情感和内在本质。圣人正是凭借着“反观”的能力，以物观物的智慧，才能够做到统一万物的情感。他们理解万物的喜怒哀乐，知晓万物的生存之道，能够以一种包容和理解的态度去对待世间的一切。这种能力远远超越了镜子对形态的映照和水对形态的统一，是一种更为高深、更为全面的认知境界。

【感悟】

“不以我观物”，唯“以物观物”——————

观花时，常人以己好差评美丑，圣人则察其生长之理与自然关联。

此“反观”之境，超越感官表象与形态整合，

达至对万物内在本质的客观认识。

认知的终极境界在于摒弃主观执着，

以纯粹客观的视角契会万物本真，

方能洞见天地间的深层规律与生命情感。

【关键词解析】

三知：文中虽未明确其具体内容，但从语境可推测，这是被认为是天下间最为关键、最为核心的三种认知。它代表着一种至高的知识境界，是衡量认知水平的重要标准，连圣人都难以企及，是全文论述的基础。

鉴（镜子）：作为一种比喻，镜子象征着对事物外在形态的如实反映。它能清晰地呈现万物的轮廓和模样，但这种反映仅仅停留在表面，侧重于对事物外形的展现，是认知的初步层次。

水：水在文中被赋予了比镜子更高级的能力，它不仅能映照万物的形态，还能将万物的形态进行统一。水的这种特性体现了一种对事物形态的整合能力，超越了镜子单纯的映照功能，代表着认知层次的进一步提升。

圣人：文中的圣人是拥有至高智慧和能力的象征。他们能够统一万物的情感，这种能力源于他们独特的认知方式“反观”。圣人是全文所推崇的认知和行为的典范，代表着认知的最高境界。

反观：“反观”是圣人所具备的关键能力，它强调超越个人主观意识的束缚，以客观、公正的视角去认识事物。这是一种深入洞察事物本质的方法，通过“不以我观物”达到“以物观物”，是实现对万物情感统一的重要途径。

以物观物：是“反观”的具体实践方式，它要求摒弃主观偏见，从万物自身的角度出发去认识和理解它们。这种认知方式能够深入事物的本质，把握万物的内在情感和规律，是达到圣人境界的关键所在。

【原文】

又安有我于其间哉？是知我亦人也，人亦我也。我与人皆物也。此所以能用天下之目为己之目，其目无所不观矣。用天下之耳为己之耳，其耳无所不听矣。用天下之口为己之口，其口无所不言矣。

【译文】

又怎么能把“我”孤立地置于这世间万物之中呢？由此可知，“我”也是众人中的一员，众人也如同“我”一样。从本质上来说，“我”和众人都属于世间万物的范畴。正因如此，才能够将天下所有人的眼睛当作自己的眼睛，这样自己的眼睛就没有什么事物是不能看到的了；将天下所有人的耳朵当作自己的耳朵，这样自己的耳朵就没有什么声音是不能听到的了；将天下所有人的嘴巴当作自己的嘴巴，这样自己的嘴巴就没有什么话语是不能说出来的了。

在这里，强调的是不要将“我”从整体中剥离，“我”与众人并无本质区别，同属万物。而当能借助天下众人的感官功能时，就仿佛拥有了更强大的感知和表达能力。这并非是真正意义上的让自身的感官直接具备如此强大的能力，而是在思维和认知层面，通过融合众人的视角、听觉和言论，达到一种更广阔、更全面的境界。例如，在观察事物时，综合了天下人的目光，就能看到更多的细节和层面，在听取信息时，集合了天下人的听觉，就能捕捉到更多的声音和信息，在表达观点时，借鉴了天下人的言论，就能说出更丰富、更全面的话语。

【感悟】

“去中心化”的认知智慧 --------

摒弃“我”之执念，

在“我与众人同根、众人即我化身”的体认中，

实现从个体感官到群体认知的升华，

以开放包容之心拥抱万物，

终达“视通万里、听闻无碍、言合天道”的境界，

印证“天人一体、物我交融”的深层哲理。

**【关键词解析】**

“我”：文中的“我”，不仅仅是个体的自我意识，更是一种哲学意义上的主体概念。它既代表着个人独特的存在，又在“我亦人也，人亦我也”的阐述中，与众人的概念相互交融，体现了个体与群体之间的联系，表明个体并非孤立存在，而是与他人有着紧密的关联，不能将“我”从群体中割裂开来。

“人”：“人”在这里泛指除“我”之外的其他个体所组成的群体。“我亦人也，人亦我也”强调了“我”与“人”在本质上的一致性，突出了人类作为一个整体，个体之间具有共性。这种共性使得“我”和“人”都纳入到“物”的范畴之中。

“物”：“我与人皆物也”中的“物”，是一个更为宽泛的概念，涵盖了包括人类在内的世间万物。它体现了一种万物平等的思想，打破了人类中心主义的局限，表明人类与其他事物一样，都是客观世界的一部分，都遵循着一定的自然规律，强调了人在宇宙万物中的普通性和与其他事物的同一性。

“用天下之目”“用天下之耳”“用天下之口”：“用”字体现了一种主动的行为，即积极地去利用天下众人的感官能力。“天下之目”“天下之耳”“天下之口”分别代表着众人的观察能力、听觉能力和表达能力。通过“用”这些能力，能够拓宽自己的认知边界和表达范围，实现对世界更全面的认识和更充分的表达。

“无所不观”“无所不听”“无所不言”：“无所不观”描述了一种全面观察的状态，意味着没有任何事物能脱离观察的范围，体现了对知识和信息全面性的追求。“无所不听”强调了广泛听取各种声音的能力，不放过任何有价值的信息，反映了一种开放的心态和敏锐的感知力。“无所不言”则突出了表达的自由和充分性，即能够毫无阻碍地抒发自己的想法和观点，不受限制地进行交流和表达。

【原文】

用天下之心为己之心，其心无所不谋矣。天下之观，其于见也，不亦广乎？天下之听，其于闻也，不亦远乎？天下之言，其于论也，不亦高乎？天下之谋，其于乐也，不亦大乎？夫其见至广，其闻至远，其论至高，其乐至大，能为至广、至远、至高、至大之事，而中无一为焉，岂不谓至神至圣者乎？

【译文】

将天下人的心志当作自己的心志，那么自己的心就没有什么谋划是无法达成的了。

以天下人的视角去观察世间万物，那么在见识方面，难道不是极为广博的吗？以天下人的听觉去聆听各种声音，那么在听闻方面，难道不是极为深远，能够洞察幽微吗？以天下人的嘴巴去发表议论，那么在言论方面，难道不是极为高明，充满智慧吗？以天下人的谋略去行事，那么在获得的乐趣方面，难道不是极为宏大，超越了个人的狭隘快乐吗？

见解达到了极其广博的程度，能够看到世间万物的方方面面，没有任何事物能逃过其洞察；听闻达到了极其深远的程度，能够捕捉到最细微、最

隐秘的信息；言论达到了极其高明的境界，所说的每一句话都蕴含着深刻的道理和智慧；乐趣达到了极其宏大的地步，这种乐趣不再局限于个人的得失和欲望满足，而是与天下苍生的福祉相连。

一个人能够做到见识广博、听闻深远、言论高明、乐趣宏大，能够去做那些极其广博、深远、高明、宏大的事情，然而在他的心中，没有一丝一毫是为了自己的私利。他不为个人的功名利禄所驱使，所做的一切都是为了天下大众。这样的人，难道不能称之为最为神圣、最为超凡的人吗？

在这段话中，作者通过阐述“用天下之心为己之心”，延伸到观察、听闻、言论和谋略等方面，构建了一个宏大的境界。当一个人能够借助天下人的力量和智慧，摒弃个人的私欲，就能达到一种至高无上的神圣境界。这种境界不仅体现在能力上的卓越，还体现在品德上的无私。它倡导人们超越自我的局限，以天下为己任，追求一种更广阔、更深刻、更有意义的生活和价值。

【感悟】

以天下心志为己志，是超越个体局限的认知升华--------

融众人视角则见识广博，汇众人听闻则洞察幽微，

纳众人言论则智慧高明，合众人谋略则乐趣宏大。

此境非能力叠加，而是以“无私”为根基——摒弃私欲，

方能借天下智慧观照万物，使见识、听闻、言论、谋略皆达超凡之境。

**【关键词解析】**

“用天下之心为己之心”：“用”是一种主动的行为，意为借助、运用。“天下之心”涵盖了天下众人的思想、情感、意志等。“为己之心”表明将众人之心融入自己的内心世界。这里体现了一种打破个人局限，广泛吸纳众人智慧和力量的理念，强调个体与群体的融合，使个人的心志得到极大的丰富和提升，从而增强谋划事情的能力。

“观”“听”“言”“谋”：“观”即观察，“用天下之观”是指利用天下人的视角来拓展自己的视野，看到更多的事物和层面，获得更全面的认知。“听”为聆听，“用天下之听”意味着借助众人的听觉，捕捉到更多更丰富的信息，洞察到事物的细微之处。“言”是发表言论，“用天下之言”是指借助天下人的嘴巴，说出更具智慧和深度的话语。“谋”指谋略，“用天下之谋”表示运用众人的谋略来行事，使行动更加周全和有效。这几个词从不同的感官和行为角度，阐述了借助天下之力提升自身的途径。

“至广”“至远”“至高”“至大”：“至广”形容见识的广阔无边，强调对事物的全面认知，没有盲区。“至远”突出听闻的深远，能够感知到常人难以察觉的信息，具有深刻的洞察力。“至高”表示言论的高超境界，体现了言论的权威性和智慧含量。“至大”表明乐趣的宏大，这种乐趣超越了个人的小情小趣，与天下的大义、大众的福祉相关，具有深远的意义和价值。这些词描绘了通过借助天下之力所达到的极高境界。

“中无一为焉”：“中”指内心，“无一为焉”强调心中没有一点是为了自己的私利。这是对一个人品德的高度要求，体现了一种无私奉献、心怀天下的精神。当一个人在追求广博、深远、高明、宏大的过程中，始终保持着不为己谋的心态，才能真正达到神圣的境界。

“至神至圣”：“至”表示达到极致，“神”有超凡、神奇之意，“圣”代表着神圣、崇高。“至神至圣”用来形容一个人在能力和品德上都达到了无与伦比的高度，是对那种能够融合天下之力且无私奉献之人的最高赞誉，体现了一种理想的人格境界和道德追求。

**【原文】**

非唯吾谓之至神至圣者乎，而天下谓之至神至圣者乎。非唯一时之天下渭之至神至圣者乎，而千万世之天下谓之至神至圣者乎。过此以往，未之或知也已。

【译文】

不仅仅是我称这样的人是最为神圣超凡的，天下人也都称这样的人是最为神圣超凡的。不只是一时的天下之人称这样的人是最为神圣超凡的，千秋万代的天下之人也都会称这样的人是最为神圣超凡的。除这种情况之外，就不知道还有什么样的人了。这里所描述的“至神至圣”之人，是达到了一种极高的境界，其品德、能力和作为获得了广泛的认可。

当一个人达到了“见至广，闻至远，论至高，乐至大”且“中无一为焉”的境界时，他所展现出的智慧和无私，不仅仅是得到了“我”个人的赞誉，更获得了天下人的一致推崇。而且这种认可并非局限于当下，而是跨越了时间的维度，即便在千万世之后，这样的人依然会被天下人视为神圣超凡的存在。

这体现了一种永恒的价值和意义，表明真正伟大的人，其影响力是持久且深远的。而过了这种境界之后，就难以知晓还有怎样更卓越的人了，强调了“至神至圣”境界的至高无上。

【感悟】

“无私合道”的本质——

行合天道、顺民心，其智慧无私既契当下所需，

又具永恒价值，故能跨越时空获普遍认同。

既在当世成济世之功，又于历史长河中成不朽之则，

印证“德被天下、功垂万世”的神圣境界，

乃人类文明对至高价值的永恒向往与共同体认。

**【关键词解析】**

“至神至圣”：这是文中的核心概念，“至”表示极致，“神”意味着超凡、神奇，“圣”代表着神圣、崇高。“至神至圣”用来形容达到了最高的精神和道德境界，是对一个人极高的赞誉。文中的“至神至圣”之人，具备广博的见识、深远的听闻、高明的言论、宏大的乐趣，且毫无私心，这样的人是众人敬仰的对象，其行为和品德具有典范意义。

“吾”“天下”：“吾”即“我”，代表着个体的视角。“天下”则涵盖了众多的人，象征着广泛的群体认知。“非唯吾谓之至神至圣者乎，而天下谓之至神至圣者乎”表明对“至神至圣”之人的认可不仅仅来自个人的判断，更得到了整个社会群体的认同，强调了这种评价的客观性和普遍性。

“一时”“千万世”：“一时”指的是当下的时间段，“千万世”则表示漫长的时间跨度。“非唯一时之天下渭之至神至圣者乎，而千万世之天下谓之至神至圣者乎”体现了“至神至圣”之人的影响力超越了时间的限制，其价值和意义在不同的时代都能得到认可，突出了这种境界的永恒性和普适性。

“过此以往”：“此”指代“至神至圣”的境界。“过此以往”表示超越了“至神至圣”的境界之后。“未之或知也已”说明在超越了这种极高的境界后，就难以知晓还有怎样的存在了，进一步强调了“至神至圣”境界的至高无上和难以企及，也引发人们对这种境界的敬畏和向往。

“谓之”：“谓之”意为称之为、认为。在文中多次出现，强调了对“至神至圣”之人的评价和认定，通过“谓之”连接起评价的主体（“吾”“天下”）和评价的对象（“至神至圣”），突出了对这种境界的重视和推崇。

# 七、“人天”之辩

【原文】

樵者问渔者曰：“子以何道而得鱼？”

曰：“吾以六物具而得鱼。”

曰：“六物具也，岂由天乎？”

曰：“具六物而得鱼者，人也。具六物而所以得鱼者，非人也。”

【译文】

有个樵夫问渔夫说：“你凭借什么方法能够捕到鱼呢？”

渔夫回答说：“我凭借六种事物完备就能捕到鱼。”

樵夫又问：“六种事物都具备了，难道仅仅是靠天意吗？”

渔夫回答说：“六种事物都具备因而能够捕到鱼，这是人的作用。但六种事物具备了，而能够成功捕到鱼的根本原因，却不是仅仅依靠人就能做到的。”

这段对话围绕着捕鱼这件事展开，樵夫首先询问渔夫捕鱼的方法，渔夫表明依靠六种事物完备就能捕到鱼。

接着樵夫进一步追问，在六种事物都具备的情况下，是否只是靠天意，渔夫则指出捕到鱼有人的因素，但成功捕到鱼的关键不单纯在于人。

这反映了在看似简单的捕鱼行为背后，有着关于人与自然、主观与客观关系的思考，暗示了成功不仅仅取决于人的努力，还与外界的各种因素相关。

【感悟】

“事在人为，亦在天合” 之理 --------

无人力准备则机会难抓，无客观机缘则努力枉然。

唯知 “人谋” 与 “天运” 相济，方能在务实中顺时，

于主动中待缘，达 “尽人事而听天命” 的智慧境界。

**【关键词解析】**

道：在“子以何道而得鱼”中，“道”指方法、途径。樵夫询问渔夫通过何种方式能够捕到鱼，体现了对捕鱼方法的探寻，这里的“道”是渔夫实现捕鱼这一行为的手段和方式，涵盖了渔夫所运用的各种技巧和借助的事物。

六物：“吾以六物具而得鱼”中的“六物”，是渔夫捕到鱼所依赖的六种事物。虽然文中未明确指出这六种事物具体是什么，但它们是渔夫实现捕鱼目标的必要条件，渔夫认为当这六种事物都完备时，就能够捕到鱼，强调了事物的完备性对于达成目标的重要性。

人：“具六物而得鱼者，人也”强调了人在捕鱼过程中的作用，即通过准备和运用六种事物来实现捕到鱼的目的，突出了人的主观能动性。然而，“具六物而所以得鱼者，非人也”又表明人虽然在其中发挥了作用，但不能完全决定是否能成功捕到鱼，说明人的能力是有限的，成功还受到其他因素的制约，进一步深化了对人与自然、主观与客观关系的探讨。

得鱼：“得鱼”是整个对话的核心目标，围绕着如何“得鱼”展开讨论。它既是渔夫的实际行为结果，也是探讨的对象，通过对“得鱼”的追问和回答，引出了关于方法、因素以及主客观关系等多方面的思考，是理解这段对话内涵的关键所在。

## 七、“人天”之辩

**【原文】**

樵者未达，请问其方。

渔者曰：“六物者，竿也，纶也，浮也，沉也，钩也，饵也。一不具，则鱼不可得。然而六物具而不得鱼者，非人也。六物具而不得鱼者有焉，未有六物不具而得鱼者也。是知具六物者，人也。得鱼与不得鱼，天也。六物不具而不得鱼者，非天也，人也。”

**【译文】**

樵夫听了渔夫关于“六物具而所以得鱼者，非人也”的说法后，心中满是困惑，无法领会其中深意，于是便诚恳地向渔夫请教其中的道理，希望能够拨开迷雾，明白这看似简单的捕鱼背后究竟蕴含着怎样的奥秘。

渔夫见状，耐心地解释道：“我说的这六种事物，分别是钓竿、钓线、浮漂、坠子、鱼钩和鱼饵。这六种东西，每一样都至关重要，缺一不可。就好比一座高楼大厦，少了任何一块基石，都无法稳固矗立；又像一支训练有素的军队，缺了任何一种必要的兵器，战斗力都会大打折扣。只要有一样不具备，想要捕到鱼，就如同缘木求鱼，根本是不可能的事情。

然而，即便这六种事物全都准备齐全了，也并不意味着就一定能捕到鱼。有时候，你精心准备好一切，满怀期待地来到水边，却可能忙活一整天，也一无所获。这种情况的出现，原因并不能完全归结于人。因为在捕鱼的过程中，除了人的努力和准备，还有许多人力无法完全掌控的因素在发挥作用。

当然，我们也必须清楚，六种事物都具备了却还是捕不到鱼的情况确实存在，但从古至今，从来没有出现过六种事物不完备却能捕到鱼的情况。从这里我们就能知道，准备齐全这六种事物，凭借的是人的主观努力。人可以凭借自己的智慧和行动，去收集、准备这些工具和物品，这体现了人的主观能动性，是人区别于其他生物的重要特征之一。但最终能不能捕到鱼，很大程度上却要受到自然因素的影响。

这里所说的自然因素，包括天气状况、水流变化、鱼群的活动规律等等。也许今天天气突变，原本活跃的鱼群都躲了起来；也许水流突然变得湍急，破坏了原本设置好的捕鱼器具。这些情况都不是人能够提前预料和完全控制的，这就是所谓的‘得鱼与不得鱼，天也’。

反过来说，如果六种事物不齐全而导致捕不到鱼，那就不能归咎于自然因素了，而是人的责任。这说明人没有尽到应有的努力，没有做好最基本的准备工作。就像一个战士上战场，连最基本的武器都没有带齐，又怎么能责怪战争的形势和敌人的强大呢？所以说‘六物不具而不得鱼者，非天也，人也’。”

【感悟】

“谋事在人，成事在天”————————

人需尽主观能动性做好准备（六物具），此为“人谋”之必然。然成功与否尚赖客观条件（天意），此为“天运”之偶然。唯知“人当尽力，天不可违”，在务实准备中接纳自然变数，方能于“尽人事”与“顺天命”间达致智慧平衡。

【关键词解析】

未达：“未达”直白地展现出樵夫在面对渔夫言论时的困惑状态，这种困惑并非是因为对字面意思的不解，而是对其背后蕴含的哲理难以参透。它是推动对话继续深入的关键因素，引出了渔夫更为详细的阐述，也让读者得以进一步探究捕鱼行为背后所蕴含的深刻道理。

六物：钓竿、钓线、浮漂、坠子、鱼钩、鱼饵构成的“六物”，是捕鱼的物质基础。它们相互配合，缺一不可，每一个物件都在捕鱼过程中有着独特的功能与作用。钓竿是操控的主体，钓线连接着鱼钩与钓竿，浮漂和坠子维持着鱼钩在水中的合适位置，鱼钩是捕获鱼的直接工具，而鱼饵则是吸引鱼上钩的关键。“六物”概念的提出，不仅体现了古人对生产工具的细致认知，更暗含着对事物构成要素完整性的重视，任何一个环节的缺失都会导致目标无法实现。

人：文中“人”的作用具有双重性。一方面，“具六物者，人也”明确了人在准备捕鱼工具过程中的主观能动性，人能够通过自身的思考与行动，去获取和准备所需的物品，这是人类改造自然、实现目标的重要能力体现；另一方面，“六物具而不得鱼者，非人也”又指出在面对复杂的自然环境时，人的能力存在局限性，即便做好了充分准备，也不能完全决定事情的结果，体现了古人对人在自然面前地位的客观认识。

天：“天”在文中代表着超越人力控制的自然因素与客观规律，涵盖了自然界的各种变化以及事物发展的内在逻辑。“得鱼与不得鱼，天也”强调了自然因素对捕鱼结果的重要影响，体现了古人对自然力量的敬畏以及对客观规律的初步认知。他们意识到，在人类的生产生活中，存在着许多无法凭借人力改变的因素，这些因素不以人的意志为转移，遵循着自身的规律运行。

具：“具”字贯穿整个对话，突出了事物完备性的重要意义。从“一不具，则鱼不可得”强调六种事物齐全的必要性，到“六物不具而不得鱼者，非天也，人也”指出未准备齐全是人的责任，“具”不仅是对客观条件的要求，更反映了人在实现目标过程中应尽的责任与义务。它提醒人们，在追求目标时，必须做好充分的准备工作，确保各项条件完备，否则就难以取得成功。

**【原文】**

樵者曰：“人有祷鬼神而求福者，福可祷而求耶？求之而可得耶？敢问其所以。”

曰：“语善恶者，人也；福祸者，天也。天道福善而祸淫，鬼神岂能违天乎？自作之咎，固难逃已。天降之灾，禳之奚益？修德积善，君子常分。安有余事于其间哉！”

## 渔樵问对

### 【译文】

樵夫听闻渔夫关于人力与天命在捕鱼一事上的见解后，心中又生疑惑，于是开口问道：“世间之人，常有向鬼神虔诚祈祷以祈求福泽庇佑的举动。但我心中不解，福气真的能通过祈祷而获得吗？祈祷之后，福气就必定会降临到自己身上吗？还望您能不吝赐教，为我详细讲讲其中的缘由。”

渔夫闻言，神色庄重，缓缓说道：“区分善恶、评判是非，这是人类凭借自身的认知与道德标准所能做到的事。而一个人一生之中会遭遇福运还是灾祸，却并非人力所能决定，其背后自有上天的安排。上天遵循着亘古不变的法则，向来是降福于善良、品行端正之人，而降灾祸于那些放纵私欲、作恶多端之人。鬼神作为天地间的存在，又怎能违背上天的意志与法则呢？ 倘若一个人因自身的过错而招致灾祸，如肆意作恶、背信弃义，那么等待他的惩罚，无论如何都难以逃避。这就如同种下了恶因，必然会收获恶果，绝非祈祷几句就能消弭。

再比如，若是上天降下不可抗拒的灾祸，像是洪水、地震等自然灾害，即便人们焚香祷告、虔诚祈求，又能有什么实际的用处呢？这些灾祸的发生，是自然规律的体现，并非人力与祈祷可以改变。 对于真正的君子而言，修养自身的品德，使内心充满仁爱与正直；坚持不懈地积累善行，在生活中帮助他人、造福社会，这才是他们应当坚守的本分。

君子明白，与其花费大量的时间与精力在向鬼神祈祷求福这件事上，不如将心思放在提升自我、践行善举之上。因为他们深知，唯有自身德行高尚、多行善事，才有可能顺应天道，得到上天的眷顾，又哪里还有多余的精力去做那些祈祷求福的虚浮之事呢！”

【感悟】

“福祸不在祈祷，而在己身”——————

君子当修德积善，养仁爱之心、行济世之举，

以德行合天道，方为求福之本。

唯有守善修德、践行正道，

使言行合于天道，方能顺天致福，远超虚浮祈祷。

【关键词解析】

祷鬼神而求福：“祷”意为虔诚地向神明祝告、祈求，“鬼神”在古代文化中被视为具有超自然力量的存在，掌控着人间的吉凶祸福；“求福”则是人们期望获得顺遂、美满生活的心愿表达。这一行为反映出古人在面对生活的不确定性和对美好生活的向往时，试图借助超自然力量来达成心愿的心理，是一种将自身命运寄托于外部神秘力量的表现。

人、天：“人”在文中代表着具有主观能动性的个体，具备分辨善恶、实施行为的能力，其行为受自身道德观念和价值判断的影响；“天”象征着超越人类控制的客观力量和自然法则，它以公正无私的姿态，对人的行为进行评判并施以福祸。二者的关系体现了古人对主观努力与客观规律之间辩证关系的思考，强调人在遵循客观规律的基础上发挥主观能动性。

福善而祸淫：“福善”指上天会将福运赐予那些心怀善良、行为正直的人，“祸淫”则表示会将灾祸降临到放纵私欲、作恶多端的人身上。这一理念蕴含着朴素的因果报应思想，是古人对道德与命运关系的一种诠释，意在引导人们树立正确的道德观，通过规范自身行为来获取福报，避免灾祸，维护社会的道德秩序。

修德积善：“修德”强调对个人内在品德的修养，如培养仁爱、诚信、正直等品质，提升精神境界；“积善”侧重于在日常生活中持续践行善行，通过帮助他人、参与公益等行为积累福报。“修德积善”是君子的立身之本和行为准则，体现了古人对高尚人格的追求，也表明真正的福运源于自身的道德修养和实际善举，而非外部祈祷。

分："分"在此处意为"本分"，指每个人在社会中应当承担的责任和义务。"君子常分"明确了修养品德、积累善行是君子的基本责任，它不仅关乎个人的道德完善，更是维护社会和谐稳定的重要因素。这一概念强化了古人对道德规范的重视，对个人行为具有很强的约束和指导作用。

**【原文】**

樵者曰："有为善而遇祸，有为恶而获福者，何也？"

渔者曰："有幸与不幸也。幸不幸，命也；当不当，份也。一命一份，人其逃乎？"

**【译文】**

樵夫听了渔夫关于福祸和修德积善的言论后，心中仍有困惑，便接着问道："可是我看到现实中，有的人一心行善，遵守道德规范，做了很多帮助他人、有益于社会的事情，却遭遇了灾祸，如生病、遭受意外等；而有的人作恶多端，违背公序良俗，自私自利，甚至伤害他人，却获得了福运，如得到财富、地位等。这又是为什么呢？"

渔夫微微点头，思索片刻后缓缓说道："这其中存在着幸运与不幸运的情况。一个人行善却遇祸，作恶却得福，有时候是因为运气的因素。幸运或者不幸运，在一定程度上可以说是命运的安排。然而，一个人所遭遇的事情恰当或者不恰当，这与他自身的本分也有关系。

一个人的命运和本分，人又怎么能够逃避呢？比如，那些行善却遇祸的人，他们坚持自己的善念和行为，这是符合道德本分的。而他们遭遇灾祸，也许是命运中的偶然因素。但他们不会因为遭遇灾祸就放弃行善。而那些作恶却获福的人，虽然暂时得到了好处，但从长远来看，他们违背了道德本分，这种福运可能只是短暂的。他们或许会因为自己的恶行在未来遭受更严重的后果。 命运和本分，就像是人生的两条线。

命运中有幸运与不幸的起伏，本分则是我们在世间行事的准则。一个人无法完全掌控命运的走向，但可以坚守自己的本分。即使行善遇祸，也应该明白这是命运中的一种情况，不能因此而动摇自己的道德信念。同样，作恶获福也不应该成为人们追求的目标，因为违背本分的行为终究会受到某种形式的约束。

所以说，一个人的命运和本分紧密相连，人无法逃脱命运的安排，也不能违背自己应有的本分。我们应该以正确的态度看待福祸，坚守自己的道德底线，不被一时的幸运或不幸所左右。

【感悟】

“命运与本分” 解福祸悖论 --------

行善遇祸、作恶得福，乃命运中 “幸运与不幸” 的偶然，

然行事 “恰当与否” 却系于本分。

人难控命运走向，却可守本分正道。

“守本分” 应 “顺命运”。

不因灾祸弃善，不为福运背德，

在命运的无常中坚守道德本心，

方见 “本分恒常，命运自洽” 的生命哲理。

**【关键词解析】**

为善而遇祸、为恶而获福：“为善”指的是一个人秉持善良的品德，做出符合道德规范、有益于他人和社会的行为；“遇祸”即遭遇灾祸，包括身体上的痛苦、生活中的挫折等。“为恶”表示一个人做出违背道德、伤害他人利益的行为；“获福”指获得财富、地位、健康等美好的事物。这两种看似矛盾的现象是樵夫心中的疑惑点，反映了现实生活中道德与福祸之间复杂的关系，引发了对命运和道德的深入思考。

幸与不幸："幸"代表幸运，是指一个人在生活中遇到的有利情况和机遇；"不幸"则表示不幸运，即遭遇的不利事件和挫折。渔夫认为行善遇祸、为恶获福存在幸运与不幸运的因素，强调了命运中不可预测的偶然性，说明福祸的降临并非完全由个人的善恶行为决定，还受到运气等外在因素的影响。

命："命"在文中指命运，是一种超自然或难以解释的力量，决定着一个人生活中的福祸、兴衰等。渔夫认为幸运或不幸运在一定程度上是命运的安排，体现了古人对命运的一种认知，即命运有其自身的规律和不可抗拒性，人在命运面前有一定的局限性。

份："份"即本分，是指一个人在社会和道德层面应尽的责任和义务，以及符合自身身份的行为准则。一个人的行为符合本分，即使遭遇不幸，也坚守道德；行为违背本分，即便获得暂时的福运，也可能在未来受到相应的后果。本分强调了个人在道德和行为上的自主性和责任感，与命运相互关联，人不能违背自己的本分去追求福运。

逃："逃"在这里表示逃避、摆脱。渔夫说"人其逃乎"，意思是人无法逃避命运和本分的约束。命运和本分如同人生的指引和规范，人无论如何都无法脱离它们的影响。这一概念强调了命运和本分的权威性和不可回避性，引导人们正确对待自己的行为和遭遇，坚守道德底线，顺应命运的安排。

**【原文】**

曰："何谓份？何谓命？"

曰："小人之遇福，非份也，有命也；当祸，份也，非命也。君子之遇祸，非份也，有命也；当福，份也，非命也。"

**【译文】**

樵夫接着问道："那么究竟什么是本分，什么又是命运呢？"

渔夫回答道："对于小人而言，他们偶然获得福气，这并非是因为他们本分所为，而是命运的安排；而他们遭遇灾祸，这其实是因为他们违背本分行事所致，并非是命运无端降临。比如，那些通过不正当手段获取财富、地位的小人，他们得到这些看似是福气，实则是命运中偶然的情况，并非是他们凭借自身的本分应得的。而当他们做出违背道德、法律的事情，从而遭遇灾祸时，这是他们自身行为的结果，是因为他们没有尽到应有的本分，而不是命运的必然。

对于君子来说，他们遭遇灾祸，这并非是因为他们没有尽到本分，而是命运的无常；而他们获得福气，这是因为他们一直坚守本分，所以福气的到来是他们应得的，并非仅仅是命运的作用。比如，那些一直行善积德、坚守道德的君子，当他们遭遇意外的灾祸，像是生病、遇到不可抗拒的困境时，这不是因为他们没有尽到自己作为君子的本分，而是命运中的偶然因素。而当他们因为自身的善良、正直和努力，获得他人的尊重、良好的声誉或者生活中的顺遂时，这是他们长期坚守本分所带来的结果，是他们应得的福气，而不单纯是命运的垂青。

所以说，本分是一个人在社会和道德层面应有的行为准则和责任，而命运则是一种超出个人控制的力量，包含了生活中的偶然和必然。人们应该明白本分和命运的区别，在命运的起伏中坚守自己的本分，不因为一时的福祸而改变自己的行为和信念。

【感悟】

本分是人为之道德准则，命运是客观之偶然必然——————————
不因福祸改操守，知小人之福难久、君子之祸非罚，
于"尽本分"中安立自身，
在"顺命运"中洞见天道，
终悟"本分是修行之基，命运乃天道之显"的生命哲理。

【关键词解析】

份："份"即本分，是指一个人在社会角色和道德层面所应遵循的行为准则和应尽的责任义务。对于小人来说，违背道德、法律等行为就是没有尽到本分；而君子则通过善良、正直、行善积德等行为来坚守本分。本分是个人可以通过自身努力去践行和维护的，它体现了个人在社会和道德体系中的定位和价值。

命："命"代表命运，是一种超出个人控制的力量，涵盖了生活中的各种偶然和必然因素。小人获得福气可能是命运中的偶然情况，君子遭遇灾祸也可能是命运的无常。命运不受个人主观意志的左右，它体现了生活的不确定性和不可预测性。

小人：文中的"小人"指的是那些为了个人私利，违背道德、法律等规范行事的人。他们的行为不符合社会和道德的要求，没有尽到应有的本分。他们获得福气往往是偶然的，而遭遇灾祸则常常是自身行为的后果。

君子："君子"是指那些秉持善良、正直、道德高尚的人。他们坚守本分，以良好的品德和行为处世。君子遭遇灾祸并非是因为自身的过错，而获得福气则是他们长期坚守本分的结果。君子在命运的起伏中始终保持对本分的坚守，不被福祸所左右。

遇福："遇福"指的是获得福气，包括财富、地位、健康、声誉等方面的好运。对于小人和君子来说，福气的获得原因不同，小人的福气可能是不正当的，而君子的福气是其本分行为的回报。

当祸："当祸"表示遭遇灾祸，如疾病、困境、失败等。小人遭遇灾祸多是因为自身违背本分的行为，君子遭遇灾祸则更多是命运的因素，这体现了福祸与本分、命运之间复杂的关系。

# 八、“利害”之辩

**【原文】**

渔者谓樵者曰：“人之所谓亲，莫如父子也；人之所谓疏，莫如路人也。利害在心，则父子过路人远矣。父子之道，天性也。利害犹或夺之，况非天性者乎？夫利害之移人，如是之深也，可不慎乎？路人之相逢则过之，固无相害之心焉，无利害在前故也。”

**【译文】**

渔夫对樵夫说道：“人们所认为关系亲近的，没有比得上父子关系的；人们所认为关系疏远的，没有比得上陌生人关系的。然而，如果心中只考虑利害得失，那么父子之间的关系就会比陌生人还要疏远。”

父子之间的亲情，本是出于天然的血缘关系，是一种与生俱来的情感纽带。但即便是这样深厚的父子之情，如果利害冲突出现在眼前，也有可能被这种利害关系所改变。比如，在巨大的利益诱惑面前，有的父子可能会为了财富、权力等利益而相互争斗，原本亲密无间的关系变得紧张对立。既然连父子之间的天性之情都可能因利害关系而受到影响，更何况那些没有天然血缘关系的人呢？

陌生人之间相逢，只是彼此路过，相互之间没有利害冲突在眼前，所以自然也就没有相互伤害的心思。比如，在一条路上，两个陌生人偶然相遇，只是简单地擦肩而过，他们之间没有利益的纠葛，也就不会产生伤害对方的想法。

这就表明，利害关系是影响人与人之间关系亲疏的重要因素。人们在处理人际关系时，不能仅仅依靠天然的情感，还需要正确对待利害得失。 如果只看重利害，连父子这样亲近的关系都可能破裂；而陌生人之间，因为没有利害冲突，反而能够保持一种相对平和的状态。

这启示我们，在生活中要正确看待利害关系，不能让利害完全左右自己的行为和情感，尤其是在亲情面前，更应该珍惜那份天然的情感，不要被外在的利害所迷惑，同时也提醒我们在与他人交往时，要谨慎对待利害因素，避免因利害而破坏了原本良好的人际关系。

【感悟】

“利害破情，无争致和” 之理 --------

情感亲疏非由天然联结定，实乃利害考量生。

逐利则至亲成敌，寡欲则陌路可安。

世人当破 “利害至上” 之执，于亲情中守天性之本，

在交往中淡得失之念，

方懂 “情因无利而亲，缘因寡欲而久” 的处世智慧，

使人际回归本真的温暖与和谐。

**【关键词解析】**

亲：文中“人之所谓亲，莫如父子也”里的“亲”指的是亲近的关系，在人们的认知中，父子关系是最为亲近的，代表着一种基于血缘和情感的紧密联系，体现了亲情在人际关系中的重要地位和特殊性质。

疏：“人之所谓疏，莫如路人也”中的“疏”表示疏远，陌生人之间相互不了解、没有情感纽带，被认为是关系疏远的典型。这里将路人关系作为疏远关系的代表，与父子的亲近关系形成鲜明对比，突出了人际关系中亲疏的差异。

利害：“利害在心，则父子过路人远矣”中的“利害”指的是利益和危害，即对个人有利或有害的因素。在人际关系中，利害关

系能够对情感和关系产生重大影响，文中强调了利害在改变人际关系亲疏方面的强大作用，无论是父子这样的亲密关系，还是陌生人之间的关系，都可能因利害而发生变化。

父子之道，天性也：“父子之道”体现了父子之间的相处方式和情感纽带，“天性”表明这种关系是基于天然的血缘和情感，是与生俱来的。但即便如此，也可能受到利害关系的冲击，突出了利害对天性之情的挑战。

移人：“利害之移人，如是之深也”中的“移人”表示改变人的行为、情感和态度。利害关系能够深刻地影响人，使人们在处理人际关系时，可能因为利害而改变原本的情感和行为方式，强调了利害因素在人际关系中的强大影响力，提醒人们要正确对待利害，避免被其过度左右。

**【原文】**

有利害在前，则路人与父子，又奚择焉？路人之能相交以义，又何况父子之亲乎？夫义者，让之本也；利者，争之端也。让则有仁，争则有害。仁与害，何相去之远也！尧、舜亦人也。桀、纣亦人也，人与人同而仁与害异尔，仁因义而起，害因利而生。利不以义，则臣弑其君者有焉，子弑其父者有焉。岂若路人之相逢，一目而交袂于中逵者哉！

**【译文】**

渔夫继续说道：“当有利益和危害摆在面前时，路人之间的关系和父子之间的关系，又有什么区别呢？”

陌生人之间尚且能够凭借道义相互交往，更何况有着亲情的父子之间呢？

义，是谦让的根本；利，是争斗的源头。懂得谦让就会产生仁爱之心，而相互争夺则会带来危害。仁爱和危害，它们之间的差距是多么大啊！

尧和舜是人，桀和纣也是人。同样都是人，然而仁爱和危害却截然不同。仁爱是因为道义而产生的，危害是由于利益而引发的。如果追求利益而不遵循道义，那么就会出现臣子弑杀君主、儿子弑杀父亲的情况。

这哪里能和陌生人在道路上相逢，彼此看一眼然后在大路中间拱手作别（保持着一种基于道义的和谐）相比呢！你看那尧和舜，他们以义为准则，心怀仁爱，治理天下，受到百姓的爱戴，国家也能长治久安。

而桀和纣，被利益蒙蔽了心智，违背道义，肆意妄为，最终导致国家衰败，自身也落得个悲惨的下场。父子之间本有着深厚的亲情，更应该以义为指引，摒弃过度的利益追求，才能保持亲情的温暖和家庭的和睦。

陌生人之间虽然没有亲情，但如果能够遵循道义，相互礼让，也能建立起良好的关系。所以说，无论是父子之间还是陌生人之间，都应该以义为重，正确对待利益，才能避免危害的产生，实现人与人之间的和谐相处。这其中的道理，不可不深入思考啊。

【感悟】

“义统人情，利破人伦”之理--------

人际和谐非赖血缘亲疏，实系义利取舍，

唯有以义制利、以让化争，

方能在父子与陌路间皆筑仁爱之基，

达“义行天下则无亲不睦，利熏心窍则至亲成仇”的境界。

**【关键词解析】**

义：“义者，让之本也”，“义”在这里指的是道义、正义，是一种道德准则和行为规范。它是产生谦让行为的根源，引导人们在人际交往中做出正确的选择，是实现仁爱、避免争斗的重要因素。在父子关系和陌生人关系中，遵循道义都能促进关系的和谐。

利：“利者，争之端也”，“利”即利益，包括物质利益、权力等。它是引发争斗的源头，当人们过度追求利益而忽视道义时，就会导致人际关系的破裂和危害的产生。文中强调了利益在人际关系中的双重作用，合理对待利益是维护良好关系的关键。

让：“让则有仁”，“让”表示谦让、礼让。谦让是一种美德，基于道义的谦让能够产生仁爱之心，促进人际关系的和谐。在父子关系中，懂得谦让能维护亲情；在陌生人关系中，谦让能建立起友善的交往基础。

争：“争则有害”，“争”指的是争夺、争斗。过度的利益争夺会带来危害，破坏人际关系，导致社会的混乱。文中通过列举臣弑君、子弑父的极端情况，说明了因争利而带来的严重后果。

仁：“仁因义而起”，“仁”代表着仁爱、仁慈，是一种高尚的道德情感。仁爱是在遵循道义、懂得谦让的基础上产生的，体现了人际关系中温暖、友善的一面。

害：“害因利而生”，“害”指的是危害、灾祸。过度追求利益而违背道义会导致危害的产生，对人际关系和社会秩序造成破坏。文中通过对比尧、舜与桀、纣的行为和结果，突出了仁爱与危害之间的巨大差异。

尧、舜：尧和舜是古代被视为贤明君主的代表，他们以义治国，心怀仁爱，是遵循道义、实现和谐的典范，代表着正面的道德和政治理想。

桀、纣：桀和纣是古代被认为是暴虐无道的君主，他们被利益驱使，违背道义，导致国家衰败，是追求利益、引发危害的反面典型。

# 九、“力分”之辩

【原文】

樵者谓渔者曰：“吾尝负薪矣，举百斤而无伤吾之身，加十斤则遂伤吾之身，敢问何故？”

【译文】

樵夫对渔夫说道：“我曾经从事砍柴的工作，能够背负起百斤重的柴薪，并且身体不会受到伤害。然而，如果再增加十斤的重量，就会对我的身体造成损伤。我心中疑惑，想问问这其中是什么缘故呢？ 在我砍柴背负柴薪的过程中，百斤的重量是我身体能够承受的范围，我的身体机能和力量足以支撑我背负这个重量而不受伤。

这说明在一定的限度内，我的身体具备相应的承受能力。可是，当增加十斤重量的时候，就超出了我身体所能承受的极限。这不仅仅是重量数字的变化，更是对我身体承受能力的一种挑战。

就好比在生活中，我们每个人都有自己的能力范围和极限。就像背负柴薪一样，在合理的范围内，我们能够正常地发挥自己的能力，完成相应的任务而不受到伤害。但一旦超越了这个范围，就会对自己造成损害。这让我想到，无论是在体力方面，还是在其他诸如知识、技能等方面，都存在着这样的界限。我们应该清楚地认识到自己的能力边界，不要盲目地去尝试超出自己能力的事情，否则就会给自己带来不良的后果。

我希望您能从您的经验和智慧出发，为我解释这其中的道理，让我能够更深入地理解为什么仅仅增加了十斤的重量，就会从对身体无害转变为对身体有损伤，从而让我在今后的生活中，无论是砍柴还是其他事情，都能够更好地把握自己的能力和承受范围。”

【感悟】

万物皆有 “度”——————

弓满则折，水满则溢，

人若无视自身极限，盲目求进，必遭反噬。

明己所能，不贪功冒进，

于边界内求发展，方能保身全功。

此理非独适体力，亦喻人生诸面

知止而有得，守度乃久安。

【关键词解析】

负薪：“吾尝负薪矣”中的“负薪”指的是砍柴并背负柴薪，这是樵夫的日常工作内容。“负薪”不仅体现了樵夫的职业特点，也为后面关于身体承受能力的讨论提供了具体的情境，以背负柴薪的重量来类比人在其他方面的承受能力。

百斤：“举百斤而无伤吾之身”里的“百斤”是一个具体的重量数值，代表着樵夫身体能够承受的重量限度之内的情况。这个重量是樵夫身体可以负荷而不受伤的量，反映了在一定范围内，樵夫的身体具备相应的力量和承受力。

加十斤：“加十斤则遂伤吾之身”中的“加十斤”表示在原本百斤的基础上增加十斤重量。这十斤的增加导致了结果从身体无伤转变为身体受伤，突出了超出一定限度后所产生的不良后果，强调了能力和承受范围的重要性。

伤吾之身：“伤吾之身”指的是对身体造成损伤。从背负百斤不受伤到增加十斤就受伤，体现了身体承受能力的边界，也引申出在生活中各种行为和情况都存在着一个合适的范围，超出这个范围就可能对自身造成损害。

何故：“敢问何故”中的“何故”即询问原因。樵夫对从能承受百斤到增加十斤就受伤这一现象感到疑惑，想要探究其中的道理，这推动了对话的进一步展开，也反映了樵夫对自身行为和身体状况的思考，以及对知识和道理的追求。

**【原文】**

渔者曰：“樵则吾不知之矣。以吾之事观之，则易地皆然。吾尝钓而得大鱼，与吾交战。欲弃之，则不能舍，欲取之，则未能胜。终日而后获，几有没溺之患矣。非直有身伤之患耶？鱼与薪则异也，其贪而为伤则一也。百斤，力分之内者也，十斤，力分之外者也。力分之外，虽一毫犹且为害，而况十斤乎！吾之贪鱼亦何以异子之贪薪乎！”

樵者叹曰：“吾而今而后，知量力而动者，智矣哉！”

**【译文】**

渔夫说道：“对于你砍柴的事我不太清楚。然而，以我自身捕鱼的经历来看，其实换个情境，道理都是相通的。

我曾经钓到一条大鱼，那大鱼拼命挣扎，就如同与我展开了一场激烈的较量。我心里想着放弃这条鱼吧，可又实在舍不得；想要把它捕获，却又难以战胜它的反抗。我耗费了整整一天的时间，才最终将它捕获，其间好几次差点溺水，几乎遭遇生命危险。这难道不也是一种因过度追求而带来的伤害吗？这和你砍柴时背负百斤还能保持身体无恙，一旦增加十斤就会伤到身体的情况，本质上是一样的呀。

鱼和柴薪虽然是完全不同的事物，但因为贪心而给自己带来伤害这一点却是相同的。你背负百斤柴薪，这是在你身体力量所能承受的范围之内；而增加十斤柴薪，就超出了你身体力量的承受范围。在你身体力量承受范围之外，哪怕只是多一毫的重量，都可能对身体造成伤害，更何况是十斤这样明显超出的重量呢！我因为贪心想要捕获那条大鱼，和你因为贪心想要背负更重的柴薪，从导致不良后果的角度来看，又有什么区别呢？

在我钓鱼的过程中，明知道那条大鱼难以对付，继续坚持可能会让自己陷入危险境地，可就是因为贪心，舍不得放弃，才让自己长时间处于危险之中。就像你砍柴时，明知道增加十斤柴薪可能会伤害身体，也许是想着多获得一些利益，才尝试背负更重的重量。这都体现了我们在面对某些诱惑时，被贪心蒙蔽了双眼，忽视了自身的能力极限。

樵夫听了渔夫的这番话，不禁感叹道："从今往后我明白了，懂得根据自己的能力去行动，才是真正的智慧啊！如果我能早点明白这个道理，不因为贪心而尝试背负超出自己能力的重量，也就不会伤到身体了。无论是砍柴还是做其他事情，都应该清楚自己的能力边界，不能盲目地追求更多，要量力而行，这样才能避免受到伤害，也能更安全、更有效地完成事情。我会把这个道理铭记在心，在以后的生活中时刻提醒自己。"

【感悟】

"贪念破限，量力则安" 之理 ————————

世人常为利欲蒙蔽，无视自身边界，

若能克贪守度，以能力为界行事，方为智慧。

唯明 "过犹不及"，于取舍中知止，

方能在欲求与能力间守得平衡，避害全生。

## 九、“力分”之辩

**【关键词解析】**

易地皆然：“易地皆然”意为换个地方、换种情境，道理依然如此。渔夫用自己钓鱼的经历类比樵夫砍柴的情况，表明不同的行为背后有着相似的道理，即过度贪心且超出自身能力范围行事会带来危害，体现了一种普遍的生活哲理，强调了道理的通用性和跨情境性。

贪：“鱼与薪则异也，其贪而为伤则一也”中的“贪”指的是贪心、贪婪。渔夫因贪心不舍得放弃难以捕获的大鱼，樵夫可能因贪心想要背负更重的柴薪，这种贪心使他们不顾自身能力去追求更多，从而给自己带来伤害。“贪”是导致不良后果的关键因素，突出了人性中这种过度的欲望对行为和结果的影响。

力分：“百斤，力分之内者也，十斤，力分之外者也”里的“力分”指的是能力范围、力量的限度。渔夫和樵夫的经历都表明，在能力范围内做事相对安全，超出这个范围就会面临危险，强调了认识和尊重自身能力边界的重要性，提醒人们要对自己的能力有清晰的认知。

没溺之患：“终日而后获，几有没溺之患矣”中的“没溺之患”指的是溺水的危险。渔夫在捕获大鱼的过程中几乎溺水，这和樵夫超出力量范围背负柴薪而受伤一样，都是超出自身能力所面临的严重后果，生动形象地说明了超出能力范围行事可能带来的巨大风险，突出了行为与后果之间的关联。

量力而动：“吾而今而后，知量力而动者，智矣哉”中的“量力而动”表示根据自己的能力去行动。樵夫通过渔夫的讲述，深刻认识到了解自身能力并据此行事的重要性。“量力而动”体现了一种明智的处事态度，即不盲目冲动，而是以自身实际能力为依据来决定行为，是一种理性的生活智慧。

# 十、“易理”之辩

【原文】

樵者谓渔者曰：“子可谓知《易》之道矣。吾也问：《易》有太极，太极何物也？”

曰：“无为之本也。”

曰：“太极生两仪，两仪，天地之谓乎？”

曰：“两仪，天地之祖也，非止为天地而已也。太极分而为二，先得一为一，后得一为二。一二谓两仪。”

【译文】

樵夫对渔夫说道：“您可真称得上是懂得《易经》中所蕴含的道理啊。我还有个问题：《易经》中提到太极，这太极究竟是什么东西呢？”

渔夫回答道：“太极是产生一切无为而治的根本。它是一种根源性的存在，世间万物的运行规律、无为的境界都是由它生发出来的。就好像世间的一切事物，都是以它为基础而存在和发展的。”

樵夫又问道：“《易经》中说太极生两仪，这两仪说的是不是天地呢？”

渔夫解释道：“两仪是天地以及世间万物的始祖，不仅仅指天地。太极分化成为两个部分，先得到的那一部分为一，后得到的那一部分为二，这一和二就称作两仪。比如说，世间万物都可以用两仪来进行分类和理解。就像白天和黑夜，白天为阳，黑夜为阴，这就是两仪的体现。再比如，男人和女人，男人为阳，女人为阴，也是两仪的一种表现。

太极是一个整体，它蕴含着世间万物的根源和规律。当它分化为两仪时，就产生了阴阳两种相对的力量。这两种力量相互作用，推动着世间万物的发展和变化。如在自然界中，阴阳的平衡决定了气候的变化、万物的生长。

在人类社会中，阴阳的协调决定了人际关系的和谐、社会的稳定。所以说，两仪不仅仅是天地，它涵盖了世间的一切对立又统一的事物。我们通过对太极和两仪的理解，可以更好地认识世界，把握事物的发展规律。就像在生活中，我们可以运用这种思想来处理各种问题，让自己的行为更加符合自然和社会的规律，达到一种和谐、平衡的状态。

【感悟】

宇宙运行的根本逻辑-----

太极本为混沌整体，含万物根源，化两仪后，

阴阳二力相互作用，推动自然气候更迭、万物生长，

亦维系人类社会人际关系与秩序平衡。

从混沌本源到二元分化，再到万物演化，皆循阴阳相生之律。

世人若悟太极两仪之道，可依此把握事物规律，

以阴阳平衡之智处世，达至和谐之境。

**【关键词解析】**

《易》：即《易经》，是中国古代一部阐述天地万物变化规律的经典著作，蕴含着丰富的哲学思想和智慧，是古人认识世界、理解自然和社会的重要依据，也是中国传统文化的重要组成部分。

太极：在《易经》的哲学体系中，太极是宇宙万物的根源和根本，是一种抽象的概念，代表着宇宙的初始状态和最终归宿。它是一种无形无象却又蕴含着无限可能的存在，是产生世间万物的基础，也是无为而治的根本所在。

无为之本：“无为之本”指的是太极是无为而治的根源。“无为”并非无所作为，而是遵循自然规律，不强行干预事物的发展。太极作为无为的根本，意味着世间万物的运行都遵循着一种自然的规律，不需要过多的人为干预，体现了一种顺应自然的思想。

两仪：太极分化出的两个相对的部分，代表着世间万物中相互对立又相互依存的两个方面，如天地、阴阳、男女等。两仪是对世间万物进行分类和理解的基础，它们之间的相互作用推动着事物的发展和变化。

天地之祖：“两仪，天地之祖也”表明两仪是天地的始祖。这里的“祖”表示根源、起始的意思，强调两仪不仅仅局限于天地，更是天地以及世间万物的根源，突出了两仪在宇宙万物生成和发展中的重要地位。

太极分而为二：指太极分化为两仪的过程。太极作为一个整体，蕴含着阴阳两种力量，当它分化时，就产生了阴阳两个方面，这种分化是宇宙万物产生和发展的基础，体现了一种从整体到部分、从统一到对立的变化过程。

**【原文】**

曰：“两仪生四象，四象何物也？”

曰：“四象谓阴阳刚柔。有阴阳然后可以生天，有刚柔然后可以生地。立功之本，于斯为极。”

【译文】

樵夫接着问道：“您说太极生出两仪，那两仪又生出四象，这四象究竟是什么东西呢？”

渔夫回答道：“四象”：指的是阴阳、刚柔。阴阳的存在，使得天得以生成；刚柔的作用，使得地得以形成。阴阳和刚柔相互作用、相互影响。阴阳代表着一种属性，如白天为阳，夜晚为阴；刚柔则体现了一种特质，如坚硬的物体为刚，柔软的物体为柔。天的生成，是阴阳相互运动、相互平衡的结果。阳气上升，阴气下降，阴阳交合，形成了天的秩序和规律。而地的形成，则依赖于刚柔的作用。刚的力量使得大地坚实，柔的力量使得大地包容万物。如山脉体现了刚的特质，而土壤则体现了柔的特质。

在世间万物的发展过程中，阴阳和刚柔的相互关系是非常重要的。无论是自然界的变化，还是人类社会的发展，都离不开阴阳刚柔的作用。对于立功建业来说，深刻理解和运用阴阳刚柔的原理，是达到极致的根本。就像在治理国家时，懂得阴阳平衡，顺应自然规律，不过分强硬也不过分柔弱，才能使国家稳定发展。在个人的成长和事业发展中，把握刚柔并济的原则，在面对困难时展现出刚的一面，而在与人相处时体现出柔的一面，才能更好地实现自己的目标。阴阳刚柔的相互作用，贯穿于天地万物之中，是一种普遍存在的规律。

我们只有认识并遵循这种规律，才能在各个方面取得成功。所以说，两仪生出的四象，阴阳刚柔，是天地生成的基础，也是立功建业的根本，其中蕴含着无穷的智慧和力量。我们应当深入探究阴阳刚柔的奥秘，将其运用到生活的各个方面，这样才能顺应自然和社会的发展，实现自己的价值。”

【感悟】

宇宙从二元到四象的演化逻辑 ------

治世需阴阳平衡，不可过刚过柔，

立业要刚柔并济，遇困显刚、待人用柔。

阴阳属属性之辨，刚柔为特质之分，
二者相济乃天地生成之基、建功立业之本。
阴阳刚柔如经纬交织，既构自然秩序，
亦导人事法则，唯循此道，
方能在天地间合规律而行，达建功与自洽之境。

**【关键词解析】**

四象：由两仪所生，指的是阴阳、刚柔这两对相对的概念。四象是对宇宙万物的一种分类和概括，它体现了事物的不同属性和特质。在《易经》的哲学体系中，四象是连接太极和世间万物的重要环节，反映了宇宙的秩序和变化。

阴阳：是一种基本的哲学概念，代表着相互对立又相互依存的两种力量或属性。在自然界中，阴阳的平衡和变化推动着万物的生长、发展和变化，如四季的更替、昼夜的交替等。在人类社会中，阴阳的关系也体现在诸多方面，如男女、君臣等关系。

刚柔：同样是一对相对的概念，刚代表着坚硬、强大、主动等特质，柔代表着柔软、温和、被动等特质。刚柔的相互作用不仅体现在物质层面，也体现在精神和行为层面，如人的性格和处事方式等。

生天："有阴阳然后可以生天"，这里的"生天"指的是阴阳的相互作用和运动使得天得以生成和维持其秩序。阴阳的平衡和变化决定了天的各种现象，如天气的变化、星辰的运行等。

生地："有刚柔然后可以生地"，"生地"意味着刚柔的相互作用和影响使得地得以形成和发展。刚柔的结合使得大地具备了承载万物的能力，塑造了大地的形态和特质。

立功之本：强调了阴阳刚柔对于立功建业的重要性。在实现个人目标和成就事业的过程中，理解和运用阴阳刚柔的原理，做到刚柔并济、阴阳平衡，是取得成功的根本。它体现了《易经》哲学在实践中的应用，即通过遵循自然和社会的规律，实现个人和社会的发展。

**【原文】**

曰：“四象生八卦，八卦何谓也？”

曰：“谓乾、坤、离、坎、兑、艮、震、巽之谓也。迭相盛衰终始于其间矣。因而重之，则六十四卦由是而生也，而《易》之道始备矣。”

**【译文】**

樵夫又问道：“您说四象生出八卦，那八卦到底是什么呢？”

渔夫回答道：“八卦指的是乾、坤、离、坎、兑、艮、震、巽这八种基本卦象。在这八卦之中，相互之间有着交替变化，存在着兴盛与衰落，并且有着始终的变化规律。

乾代表着天，具有刚健、主动、向上等特性，象征着一种积极进取的力量；坤代表着地，具有柔顺、包容、承载等特性，象征着一种宽厚包容的品德；离象征着火，有着光明、热烈、向上的特质；坎象征着水，有着深沉、险陷、流动的特性；兑象征着泽，有着喜悦、和悦的意味；艮象征着山，有着静止、稳重的特点；震象征着雷，有着震动、生发的力量；巽象征着风，有着柔顺、随和、渗透的特性。

这八卦之间相互交替、相互影响，呈现出盛衰变化的态势。例如，乾与坤相对，它们之间的相互作用体现了阴阳的平衡与变化；震与巽相对，展示了刚柔之间的转换。这些变化在世间万物中都有所体现，无论是自然现象还是人类社会的活动。在此基础上，将八卦重叠起来，便产生了六十四卦。每一个卦象都由两个八卦组成，这六十四卦包含了世间万物的各种变化和发展规律。

从自然现象如风雨雷电、山川河流的变化，到人类社会的政治、经济、文化等方面的活动，都可以在六十四卦中找到相应的象征和解释。《易经》的道理在这六十四卦中得以完备。通过对八卦以及六十四卦的理解和研究，人们可以洞察世间万物的变化趋势，指导自己的行为和决策。

无论是在个人生活中面对的各种问题，还是在社会活动中处理各种事务，都可以运用《易经》的智慧来应对。所以说，八卦是《易经》体系中的重要组成部分，而六十四卦则是对《易经》道理的进一步丰富和完善，它们共同构成了《易经》博大精深的思想体系。

【感悟】

以象通理、以简驭繁的东方哲学思维——————

八卦为乾、坤、离、坎、兑、艮、震、巽八象，

各含刚健、柔顺、光明等特质，

彼此交替显盛衰之律（如乾坤相济、震巽转换）。

以象通理、以简驭繁的思维，

让世人可借卦象洞察变机、顺循天道。

**【关键词解析】**

八卦：由四象所生，包括乾、坤、离、坎、兑、艮、震、巽这八种基本卦象。八卦是《易经》中对宇宙万物的一种高度概括和分类，每个卦象都代表着特定的属性和意义，蕴含着丰富的哲学思想。

乾、坤、离、坎、兑、艮、震、巽：乾象征天，代表着阳刚、开创等意义；坤象征地，代表着阴柔、包容等意义；离象征火，代表着光明、热烈等；坎象征水，代表着深沉、险陷等；兑象征泽，代表着喜悦、和悦等；艮象征山，代表着静止、稳重等；震象征雷，代表着震动、生发等；巽象征风，代表着柔顺、随和等。这些卦象之间相互关联、相互对立又相互统一，构成了一个完整的体系。

迭相盛衰：指八卦之间相互交替、相互影响，呈现出兴盛与衰落的变化。这种变化反映了宇宙万物的发展规律，体现了阴阳、刚柔之间的相互转换和平衡。如乾盛则坤衰，坤盛则乾衰，震起则巽伏等，展示了世间万物的动态变化。

重之：即重叠八卦。将八卦两两重叠，形成了六十四卦。通过这种重叠，《易经》的体系更加丰富和完备，能够更全面地反映世间万物的各种变化和发展。

六十四卦：由八卦重叠而成，是《易经》中对世间万物更细致、更全面的描述和解释。每一个六十四卦都由两个八卦组成，其卦象、卦辞、爻辞等都蕴含着深刻的哲理和智慧，是人们理解和把握宇宙万物变化的重要依据。

《易》之道：《易经》所蕴含的道理，包括对宇宙万物的生成、发展、变化规律的认识，以及对人类社会行为和决策的指导思想。《易经》的道理在八卦和六十四卦中得以体现和完备，涵盖了自然、社会、人生等多个方面，是中国古代哲学的重要组成部分。

**【原文】**

樵者问渔者曰：“复何以见天地之心乎？”

曰：“先阳已尽，后阳始生，则天地始生之际。中则当日月始周之际，末则当星辰始终之际。万物死生，寒暑代谢，昼夜变迁，非此无以见之。当天地穷极之所必变，变则通，通则久，故《象》言‘先王以至日闭关，商旅不行，后不省方’，顺天故也。”

**【译文】**

樵夫问渔夫说：“到底怎样才能洞察天地的本心呢？”

渔夫回答说：“当先前的阳气完全消逝，而后新的阳气开始萌生的时候，这就是天地初始生发的时刻。在中间阶段，就相当于日月开始循环运转的时候；而在末尾阶段，就相当于星辰从起始到终结的过程。世间万物的生死变化，寒冷与暑热的交替代谢，白天和黑夜的变迁，要是不通过这些现象，就无法见到天地之心。当天地发展到穷极的状态时，必然会发生变化，变化了就能通达，通达了就能长久。所以《象传》中说：“古代的君王在冬至这一天闭关，商人和旅客都不外出远行，君王也不巡视四方，这是因为要顺应天道的缘故啊。”

在天地的运行变化中，阳气的消长是一个关键的线索。阳气殆尽而后新生，如同万物在四季中的轮回。日月的循环，象征着时间的流转和规律的体现。星辰的始终，则进一步展现了宇宙间宏大的秩序。万物的生死，是天地之心在微观层面的体现；寒暑的代谢，是自然规律的外在表现；昼夜的变迁，是时间流逝的直观呈现。 当天地处于穷极的状态时，变化是必然的趋势。这种变化是为了实现通达，而通达则是保持长久的关键。

古代君王在冬至闭关，正是对这种天地变化规律的尊重和顺应。在冬至这个特殊的时刻，万物处于一种相对静止的状态，君王顺应天道，让社会也暂时处于休养生息的状态，以等待新的阳气的生发和新的变化的开始。通过这样的方式，实现与天地自然的和谐共处，遵循天地之心所蕴含的规律。

【感悟】

“阴阳循环、穷变通达” 为根本法则 ——
阳气殆尽而新生，是天地生发之始，
日月循环、星辰终始，为运行之序。
万物生死、寒暑代谢、昼夜变迁，皆天地之心的外显，
天地穷极必变，变则通、通则久。
从自然规律到人世治理，皆需在阳气消长中把握变化契机，
于 “穷极” 时顺势而变，在 “通达” 中持守长久，
终达与天地同频的和谐之境。

**【关键词解析】**

天地之心：可以理解为天地运行的内在规律、本质以及蕴含的生命力和创造力。它体现在自然现象的变化和万物的生长、消亡等过程之中，是一种形而上的概念，代表着宇宙的根本法则。

阳：在中国传统哲学中，“阳”是一种具有积极、向上、生发等属性的概念。阳气的消长变化与天地的运行、万物的生长息息相关。文中提到“先阳已尽，后阳始生”，阳气的这种变化标志着天地初始生发的时刻。

日月始周：指日月的循环运转。日月的运行规律是时间流转和自然变化的重要标志，它象征着一种周期性和规律性，反映了天地之间的秩序。

星辰始终：描述星辰从起始到终结的过程，进一步强调了宇宙间宏大的秩序和变化规律。星辰的运行变化也体现了天地之心在宏观层面的体现。

万物死生：世间万物的出生和死亡，是天地之心在微观层面的具体体现。万物的生死轮回反映了自然规律的作用，也体现了天地间生命力的延续和变化。

寒暑代谢：寒冷和暑热的交替变化，是自然现象的重要表现。这种代谢反映了季节的更替和自然规律的运行，也是天地之心在气候方面的体现。

昼夜变迁：白天和黑夜的交替变化，直观地展示了时间的流逝。昼夜的变迁也是天地运行规律的一部分，体现了天地之心在时间维度上的特征。

穷极：指天地发展到了极致、尽头的状态。当处于这种状态时，必然会引发变化，这是自然规律的体现。

变则通，通则久：当事物发展到穷极状态时，通过变化能够实现通达，而通达则可以使事物保持长久的发展。这是一种辩证的哲学思想，体现了对自然和社会发展规律的深刻认识。

闭关：文中指古代君王在冬至这一天采取的一种措施，让商人和旅客不外出远行，君王也不巡视四方。这是对天地变化规律的一种顺应，通过这种方式让社会处于相对静止的状态，以等待新的变化的发生 。

【原文】

樵者谓渔者曰："无妄，灾也。敢问何故？"

曰："妄则欺他，得之必有祸，斯有妄也，顺天而动，有祸及者，非祸也，灾也。犹农有思丰而不勤稼穑者，其荒也，不亦祸乎？农有勤稼穑而复败诸水旱者，其荒也，不亦灾乎？故《象》言'先王以茂对时育万物'，贵不妄也。"

【译文】

打柴的人对渔夫说："'无妄'这种情况，就意味着会有灾祸降临。我斗胆问一下，为什么会这样呢？"

渔夫回答道："肆意妄为、行事虚妄就是在欺瞒他人，以这样的方式就算偶然有所得，也必定会招来灾祸，这就是肆意妄为带来的后果。顺应着自然规律和天道去行动，却仍然遭受灾祸的情况，这并非是因为自身犯错而导致的祸事，而是自然灾害。就好像农民中那些心里想着能有个好收成，却不辛勤地进行耕种劳作的人，他们的田地最终荒芜了，这难道不算是自作自受的祸事吗？而那些辛勤地耕种庄稼，付出了努力，却因为水灾、旱灾等自然因素而导致庄稼收成失败、田地荒芜的情况，这难道不就是自然灾害造成的吗？所以《象传》中说："古代贤明的君王会在合适的时节，尽心尽力地顺应天时来培育世间万物'，这凸显了不肆意妄为、遵循自然规律的重要性。"

在生活中，我们可以看到遵循自然规律和肆意妄为会带来截然不同的结果。肆意妄为的行为往往打破了事物原本的平衡和秩序，从而引发祸端。而顺应天道去做事，虽然有时也会遭遇自然灾害，但这并非是因为自身行为不当而导致的。对于农民而言，不努力耕种是自身的过错，由此带来田地荒芜的结果属于自己招来的祸事；而那些已经辛勤劳作了，却因为不可抗拒的水旱灾害而颗粒无收的情况，则是自然灾害的影响。

古代的君王深知顺应时节来培育万物的道理，因为他们明白只有尊重自然规律、不肆意妄为，才能让世间万物和谐发展。这就告诫着我们在日常生活中，要时刻遵循自然的法则，不能肆意行事。同时，也要正确区分因自身错误导致的祸事和自然不可抗力带来的灾害，以更好地应对生活中的各种情况。

【感悟】

“祸因妄起，灾由天定”——————————

妄为破自然秩序，故自作自受。

天灾属不可抗力，非人力之过。

止虚妄之行以避人为祸端，

顺自然之律以应天降之灾，

在“尽人事”与“听天命”间恪守边界，

既不背道妄为，亦不怨天尤人，方得与天道共生的生存智慧。

【关键词解析】

无妄：“无妄”在文中指的是不遵循常规、肆意妄为的状态。这种状态违背了自然和社会的正常秩序，是引发灾祸的根源，强调了行事须遵循合理的规则，不可随意胡来。

妄：表示虚妄、胡乱的行为和态度。“妄则欺他”说明当人处于妄的状态时，其行为本质上是对他人的欺骗，突出了这种行为的不正当性和不道德性。

顺天：即顺应天道，这里的“天”代表着自然规律和宇宙运行的法则。“顺天而动”意味着人们的行为要符合自然的节奏和规律，是一种积极正确的行事方式。

灾：指自然灾害，如文中提及的水旱等灾害，是自然力量作用的结果，不受人的主观意志控制，与因人为错误导致的“祸”有着明显的区别。

祸：因个人肆意妄为、违背规律和道德而引发的不良后果。如农民不辛勤耕种导致田地荒芜，这就是由于自身行为不当所带来的祸事，强调了个人行为与后果之间的因果关系。

稼穑：“稼”指种植庄稼，“穑”指收获庄稼，“稼穑”涵盖了农业生产的整个过程。文中以稼穑为例，通过农民耕种的不同结果，生动地阐述了行为与结果、人为与自然之间的复杂关系。

先王：古代那些贤明的君主，他们被视为智慧和道德的象征。先王能够顺应自然规律来治理国家、养育百姓和万物，是人们学习和效仿的榜样，体现了古人对理想统治者的认知和期望。

茂对时育万物：“茂”有努力、全力的含义，“对时”强调顺应时节。“茂对时育万物”表达了古代君王积极主动地根据不同的时节，采取合适的措施来培育和滋养世间万物，体现了对自然规律的尊重和合理利用。

**【原文】**

樵者问曰：“姤，何也？”

曰：“姤，遇也。柔遇刚也，与夬正反。夬始逼壮，姤始遇壮，阴始遇阳，故称姤焉。观其姤，天地之心，亦可见矣。圣人以德化及此，罔有不昌。故《象》言‘施命诰四方’，履霜之慎，其在此也。”

【译文】

打柴的人疑惑地问道：““姤”，这个卦象究竟蕴含着什么深意呢？”

渔夫耐心解释道：““姤”的本质是相遇，确切地说是阴柔与阳刚的邂逅，它与“夬”卦呈现出截然相反的态势。在“夬”卦中，阴气逐渐强盛，开始对处于壮盛状态的阳气形成压迫之势；而“姤”卦的情境则是，当阳气处于强盛阶段时，阴气开始与之相遇。正是因为这种阴始遇阳的特殊情形，所以才将此卦命名为“姤”。仔细探究“姤”卦所揭示的道理，天地运行的内在规律与本心也就清晰可见了。圣人凭借高尚的德行与教化达到这样的境界，没有不繁荣昌盛的。因此《象传》中说：““发布政令，诏告四方”，其中所蕴含的如踏霜前行般谨慎的道理，也正体现在这里。”

在自然界中，“姤”所代表的阴阳相遇无处不在。比如盛夏时节，阳气达到鼎盛，此时一场突如其来的暴雨，便是阴气与阳气相遇的体现。暴雨带来的清凉打破了暑热的沉闷，使气候重新达到平衡，这恰似阴阳相遇后产生的变化。而在植物生长过程中，白天阳光充足，阳气旺盛，夜晚露水凝结，阴气滋生，昼夜交替间阴阳相遇，推动着植物的生长与代谢，这便是天地运行规律在自然现象中的直观呈现。

延伸到人类社会，“姤”所代表的相遇蕴含着深刻的哲理。当贤能之士与掌权者相遇，若是能相互配合，便能发挥各自优势，推动社会发展；但若双方理念不合，也可能引发矛盾冲突。圣人以德行教化民众，正是顺应了阴阳相遇的规律。他们懂得在合适的时机发布政令，引导社会走向和谐繁荣。就像在社会变革时期，各种新思想、新力量不断涌现，这便是阴阳相遇带来的机遇与挑战。此时，领导者若能如圣人般谨慎决策，合理发布政令，便能抓住机遇，化解危机；反之，若行事莽撞，则可能引发混乱。

“履霜之慎” 强调的是，面对阴阳相遇带来的变化，人们必须时刻保持警惕。因为阴阳相遇的过程充满变数，就像行走在结霜的道路上，稍有不慎便会滑倒。只有谨慎对待每一个变化，深入洞察阴阳力量的消长，才能在复杂的局面中做出正确的决策，实现自身与社会的稳定发展。

【感悟】

阴阳相遇的体现，蕴含机遇与挑战 -------

面对阴阳相遇的变数，需保持警惕，洞察力量消长，

方能在复杂局面中正确决策，实现稳定发展。

阴阳相遇是自然与社会发展的关键，

谨慎应对方能把握机遇、化解危机。

**【关键词解析】**

姤：《易经》六十四卦之一，象征 “相遇”，核心为 “柔遇刚”，展现阴柔与阳刚相遇时的状态与变化，是理解事物发展中阴阳互动关系的关键卦象。

柔遇刚：“柔” 代表阴柔，象征内敛、包容的力量；“刚” 代表阳刚，象征强大、进取的力量。“柔遇刚” 描述阴阳两种属性的力量相互碰撞、交融，是事物发展变化的重要动力。

夬：同样是《易经》中的卦象，与 “姤” 卦形成对照。“夬” 体现阴气增长并压迫阳气，而 “姤” 呈现阳气壮盛时阴气与之相遇，两者从不同角度展现阴阳力量的动态变化。

天地之心：指天地运行的内在规律与本质精神，通过观察 “姤” 卦中阴阳相遇的变化，可窥探自然与宇宙运行的深层逻辑和生生不息的生命力。

圣人：古代文化中具备极高道德修养与智慧的理想人物，他们能精准把握自然规律与社会发展趋势，以道德教化引领民众，实现社会和谐与繁荣。

德化：即道德教化，圣人通过自身的道德示范与思想传播，影响和引导民众遵循道德规范，塑造良好的社会风气，是一种以文化人、以德服人的治理方式。

施命诰四方：意为发布政令并向天下宣告。强调领导者在面对阴阳相遇带来的变化时，应及时、合理地制定和传达政策，以引导社会发展方向，维持秩序稳定。

履霜之慎：以行走在结霜道路上须谨慎小心为喻，提醒人们面对阴阳相遇引发的复杂局面和潜在变化时，要保持高度警惕，审慎行事，避免因疏忽大意而陷入困境 。

**【原文】**

渔者谓樵者曰：“春为阳始，夏为阳极，秋为阴始，冬为阴极。阳始则温，阳极则热；阴始则凉，阴极则寒。温则生物，热则长物，凉则收物，寒则杀物。皆一气别而为四焉。其生万物也亦然。”

**【译文】**

渔夫对打柴的人说：“春天是阳气开始生发的时节，夏天是阳气达到极盛的阶段，秋天是阴气开始萌生的时候，冬天是阴气达到极致的时期。阳气开始生发的时候，气候就会变得温暖，阳气达到极盛的时候，气候就会变得炎热；阴气开始萌生的时候，气候就会变得凉爽，阴气达到极致的时候，气候就会变得寒冷。气候温暖适宜的时候，万物就会开始生长繁衍，气候炎热的时候，万物就会蓬勃发展、茁壮成长，气候凉爽的时候，万物就会进入收获的阶段，气候寒冷的时候，万物就会进入休眠或凋零的状态。这一切都是由一股气分化为四种不同的状态罢了。自然界孕育万物的过程也是同样的道理。

在自然界中，春天阳气初起，大地逐渐回暖，种子开始发芽，各种生物也开始活跃起来。随着春天的推移，阳气不断增长，到了夏天，阳气达到极盛，阳光炽热，万物在充足的光照和热量下迅速生长，枝繁叶茂。而到了秋天，阴气开始出现，气温逐渐下降，果实成熟，万物开始收敛，叶子也逐渐变黄飘落。冬天，阴气达到极致，气候寒冷，许多生物进入冬眠，大地一片寂静。这种由阴阳变化所带来的四季更替，深刻地影响着万物的生长、发展和变化。

就像人类社会的发展也如同四季的变化一样，在不同的阶段有着不同的特点和规律。在阳气生发的阶段，充满着生机和希望；在阳气极盛的时候，可能会达到繁荣昌盛的局面；而当阴气开始萌生，可能会面临一些调整和变化；当阴气达到极致，或许会经历一段艰难的时期。我们应该顺应自然的规律，在不同的阶段采取合适的行动，才能更好地生存和发展。

【感悟】

四季阴阳消长释自然与社会之理 ------

阳气生发则生机盎然，阳盛则繁荣鼎盛，

阴萌则需调整，阴极则遇困顿。

世人当顺此天道，于不同阶段应时而动。

阳生时进取，阳盛时持守，

阴萌时收敛，阴极时蛰伏，

如此方能在自然与社会的阴阳循环中，合规律而谋发展，

达与天地共生的智慧之境。

**【关键词解析】**

阳始：指阳气开始生发的状态，春天就是阳气开始生长的时节，象征着生机与希望，是万物复苏的起点，体现了阳气从无到有的变化过程。

阳极：阳气达到极盛的阶段，夏天阳气旺盛，此时气候炎热，万物生长迅速，展示了阳气的强大力量和旺盛的生命力。

阴始：阴气开始萌生的时刻，秋天阴气渐长，气候转凉，万物开始进入收获和收敛的阶段，反映了阴气从微弱到逐渐增强的变化。

阴极：阴气达到极致的时期，冬天阴气强盛，气候寒冷，万物进入休眠或凋零，体现了阴气的强大影响力和自然的变化规律。

一气：这里的“气”是中国古代哲学中的一个重要概念，被认为是构成宇宙万物的基本元素。“一气”表示一种原始的、混沌的力量，它分化为阴阳两种相对的力量，进而产生了四季的变化和万物的生长。

生物：指万物的生长繁衍，春天阳气温暖，为万物的生长提供了适宜的条件，体现了阳气在万物生长过程中的推动作用。

长物：万物蓬勃发展、茁壮成长，夏天的炎热气候有利于万物的生长壮大，展现了阳气极盛时对万物生长的促进作用。

收物：万物进入收获阶段，秋天阴气渐起，气候凉爽，果实成熟，万物开始收敛，体现了阴气在万物发展过程中的另一种作用。

杀物：万物进入休眠或凋零的状态，冬天的寒冷气候使得许多生物进入冬眠或凋零，反映了阴气极致时对万物的影响，也体现了自然的循环规律。

## 十一、“人物”之辩

【原文】

樵者问渔者曰：“人之所以能灵于万物者，何以知其然耶？”

渔者对曰：“谓其目能收万物之色，耳能收万物之声，鼻能收万物之气，口能收万物之味。声色气味者，万物之体也。目耳口鼻者，万人之用也。体无定用，惟变是用。用无定体，惟化是体。体用交而人物之道于是乎备矣。然则人亦物也，圣亦人也。”

【译文】

打柴的人问渔夫说：“人能够比万物更加灵慧的原因，怎样才能知道是这样的道理呢？”

渔夫回答道：“这是因为人的眼睛能够接纳万物的各种颜色，耳朵能够聆听万物发出的各种声音，鼻子能够嗅闻万物的各种气味，嘴巴能够品尝万物的各种味道。颜色、声音、气味和味道，构成了万物的外在体现。而眼睛、耳朵、鼻子和嘴巴，则是人们感知万物的器官。事物的本体没有固定不变的功用，唯有变化才是其功用所在。功用也没有固定的本体，唯有变化生成的过程才是其本体。本体和功用相互交融，人与万物运行的道理也就完备了。”

如此说来，人也是万物中的一种，圣人同样也是人。人通过自身的感官，即目、耳、鼻、口，与外界的声色气味相互作用。眼睛看到五彩斑斓的世界，耳朵听到各种各样的声音，鼻子闻到不同的气息，嘴巴尝到不同的味道，从而对万物有了更深入的认知。万物以声色气味的形式展现自己，而人凭借感官去感受和辨别。比如，眼睛看到花朵的艳丽色彩，能分辨出不同的花卉；耳朵听到鸟儿的鸣叫，能感知到季节的变化；鼻子闻到果实的香气，能判断果实的成熟与否；嘴巴尝到食物的味道，能区分不同的食材。同时，事物的本体和功用并非固定不变。

随着时间和环境的变化，事物的功用也会发生改变。比如木材，其本体可以是建造房屋的材料，也可以是制作家具的原料，还可以作为燃料，这就是本体的功用随变化而产生的不同。而功用也没有固定的本体，同样是燃烧的功用，可以由木材来实现，也可以由煤炭等其他物质来达成。

人与万物之间的关系也是如此，人在与万物的互动中，不断地适应和改变，遵循着变化的规律。圣人作为人的一种，同样遵循着这样的道理，他们更能深刻地理解和运用这种变化，从而更好地处理人与万物的关系。

【感悟】

感官认知与变易之道——————

万物以声色气味显形，人凭感官辨物，

如目辨花色、耳听鸟鸣。

人作为万物之一，与物的互动循“变易”之律。

本体与功用交融共生，

在变化中成就认知与存在的完备。

**【关键词解析】**

灵于万物：指人在万物中具有独特的灵性和智慧，能够更深入地认识和改造世界，这是探讨人区别于其他生物的关键所在。

目、耳、鼻、口：人的四种感官器官，分别对应着对万物的色、声、气、味的感知，是人与外界沟通和认识万物的重要媒介。

声色气味：万物的外在表现形式，通过这些特征，万物得以被人所认知和区分，是万物本体的具体体现。

体：指事物的本体，即事物的本质和存在形式。文中强调本体没有固定的功用，会随着变化而产生不同的功用。

用：指事物的功用和作用，功用不是固定在某一事物上的，会根据不同的情况和需求而变化。

体用交：事物的本体和功用相互交融、相互影响。本体决定功用，功用又反作用于本体，体现了一种辩证的关系。

人物之道：指人与万物运行的规律和道理，通过体用的相互作用，体现了人在万物中的地位和人与万物之间的关系。

**【原文】**

有一物之物，有十物之物，有百物之物，有千物之物，有万物之物，有亿物之物，有兆物之物。生一一之物，当兆物之物者，岂非人乎！有一人之人，有十人之人，有百人之人，有千人之人，有万人之人，有亿人之人，有兆人之人。当兆人之人者，岂非圣乎！是知人也者，物之至者也。圣也者，人之至者也。

【译文】

存在代表一物的事物，也有代表十物的事物，有代表百物的事物，有代表千物的事物，有代表万物的事物，有代表亿物的事物，还有代表兆物的事物。能够产生出代表兆物的事物的，难道不是人吗！有代表一个人的人，有代表十个人的人，有代表一百个人的人，有代表一千个人的人，有代表一万个人的人，有代表一亿个人的特性的人，有代表兆数之人的人。能够成为代表兆数之人的，难道不是圣人吗！由此可知，人是万物中最为卓越的存在。而圣人，则是人类中最为杰出的存在。

## 十一、“人物”之辩

在世间万物之中，事物所代表的数量层次有着巨大的差异。从代表一物的简单事物，到代表兆物的复杂事物，这是一个从简单到复杂、从单一到繁多的过程。人具有一种独特的能力，能够创造和掌控那些代表众多事物的存在，尤其是能够产生出代表兆物的事物，这显示了人的非凡之处。比如，人可以通过自己的智慧和创造力，发明出各种工具和技术，从而能够驾驭和利用众多的事物，让它们为自己所用。同样，在人类社会中，不同的人所代表的群体数量和影响力也各不相同。

从只代表自己的普通人，到能够代表众多人的圣人，这体现了人的能力和地位的差异。圣人能够凭借自己的品德、智慧和才能，影响和引领众多的人，就如同他们能够掌控代表众多事物的能力一样。

圣人的存在，对于人类社会的发展和进步起到了关键的作用，他们能够洞察事物的本质和规律，引导人们走向正确的方向。总的来说，人在万物中具有特殊的地位，而圣人又是人类中的佼佼者。人通过自己的能力和智慧，在万物和人类社会中展现出了独特的价值，而圣人则将这种价值发挥到了极致。

【感悟】

“一物”到“兆物”，从“一人”到“兆人”——————————

人借创造力超越物类，以主观能动性构建秩序，

将个体能力延伸至对万千事物的掌控。

而圣人更将这种灵性推向极致，

成为沟通个体与群体、万物与文明的桥梁，

彰显“人为万物之灵，圣为众人之杰”的哲理。

**【关键词解析】**

一物之物、十物之物等：这里的“物之物”表示事物所涵盖或代表的事物数量。从“一物之物”到“兆物之物”，体现了事物所代表的数量从少到多、从简单到复杂的变化，强调了事物的多样性和复杂性。

生一一之物，当兆物之物者：“生”表示产生、创造。“当”有担当、成为的意思。这句话强调了人具有创造出代表众多事物的能力，突出了人的独特性和创造性。

一人之人、十人之人等：与前面的“物之物”相对应，这里的“人之人”表示人所代表的群体数量。从“一人之人”到“兆人之人”，体现了人的影响力和所代表范围的差异。

物之至者：“至者”表示最为卓越、极致的存在。“物之至者”说明人在万物中处于最为突出的地位，强调了人相对于其他事物的优越性。

人之至者：指人类中最为杰出、优秀的存在，即圣人。圣人在人类社会中具有极高的地位和影响力，他们的品德、智慧和才能是人类的典范。

圣：代表着人类中具有极高智慧、品德和能力的人，他们能够洞察万物的本质，引领人类社会的发展，是人类中的楷模和引领者。

**【原文】**

物之至者始得谓之物之物也。人之至者始得谓之人之人也。夫物之物者，至物之谓也。人之人者，至人之谓也。以一至物而当一至人，则非圣人而何？人谓之不圣，则吾不信也。何哉？谓其能以一心观万心，一身观万身，一物观万物，一世观万世者焉。

**【译文】**

那些在物性上达到极致的，才能被称作真正意义上的“物”。

那些在人性上达到极致的，才能称作真正意义上的“人”。

所谓物中达到极致的“物”，说的就是达到最高境界的物。

所谓人中达到极致的“人”，说的就是达到最高境界的人。

如果有一个达到极致状态的物能与一个达到极致状态的人相匹配，那么这样的人不是圣人又是什么呢？要是有人说这样的人不是圣人，我是绝不相信的。为什么这么说呢？因为这样的人能够凭借着自己的一颗心去洞察万千人的心思，用自身去体悟万千人的处境，通过一个事物去了解世间的万事万物，以自己所处的一世去观照千秋万代。

世间万物皆有其发展的轨迹和特性，当一个物体在其自身的属性和能力上发展到了极致，展现出了最为纯粹和完整的形态时，它才成为真正意义上的“物”。人也是如此，当一个人在道德、智慧、才能等各方面都达到了登峰造极的程度，完全发挥出了人性中最美好的品质和最大的潜能时，他才堪称是真正的“人”。

当一个极致的物与一个极致的人相对应时，这种对应关系蕴含着深刻的意义。这个极致的人必然有着超越常人的特质。他拥有非凡的洞察力，能够透过表象看到本质，从自己的内心世界出发，去感知和理解无数人的内心想法，知晓人们的喜怒哀乐、欲望和追求。他还能够以自身的经历和感受为参照，设身处地地体会不同人的处境，无论对方处于何种境遇，他都能感同身受。

在对事物的认知上，他不会局限于单一的事物，而是能够通过对一个典型事物的深入研究，总结出普遍的规律，进而触类旁通，了解世间万物的运行法则。在时间的维度上，他也有着卓越的眼光，能够从自己所处的时代背景出发，梳理历史的脉络，预测未来的走向，对千秋万代的发展有着深刻的理解和把握。所以，这样的人被称为圣人是实至名归的，若有人对此表示质疑，那是因为没有真正领悟到圣人所具备的这种伟大的智慧和崇高的境界。

【感悟】

**物性达极方为真“物”，人性达极方为真“人”——————**

**万物之“极”在于属性的纯粹彰显，**

**人性之“极”在于道德智慧的圆满实现。**

**圣人之所以为圣，因其超越个体局限，**

**在认知维度上实现“一心通万心、一身喻万身、一物穷万物、一世贯万世”的贯通，**

**以极致的人性光辉，成为连接个体与群体、当下与永恒的精神坐标，**

**印证“至极者通神，通神者为圣”的哲理。**

【关键词解析】

之至者：“物”即世间万物，“至者”表示达到极致的存在。“物之至者”指在物性方面达到了最高程度、最完美状态的事物，强调了物的极致性和独特性。

人之人者：第一个“人”指在人性、人格等方面达到极致的人，第二个“人”是普通意义上的人。“人之人者”突出了达到极致境界的人在人群中的特殊性和代表性，代表着人性的最高典范。

当：在这里表示匹配、对应。“以一至物而当一至人”意思是当一个达到极致的物与一个达到极致的人相对应时，这种对应关系暗示了两者之间的某种契合和联系。

一心观万心：“一心”指自己的内心，“万心”代表着无数人的内心世界。“一心观万心”体现了一种强大的共情能力和对人性的深刻理解，能够从自己的内心感受出发去洞察他人的内心想法。

一身观万身：“一身”是指自身，“万身”表示不同人的处境和经历。“一身观万身”表明能够以自身的经历为基础，推己及人，理解和体会他人的处境，具有很强的同理心。

一物观万物：“一物”是指一个具体的事物，“万物”涵盖了世间所有的事物。“一物观万物”反映了一种从个别到一般的认知方法，通过对一个典型事物的研究和分析，总结出普遍的规律，从而认识和理解世间万物。

一世观万世：“一世”指自己所处的时代，“万世”表示千秋万代。“一世观万世”体现了一种对时间维度的深刻洞察，能够从自己所处的时代出发，把握历史的发展趋势，对未来的发展有着前瞻性的认识和理解。

**【原文】**

又谓其能以心代天意，口代天言，手代天工，身代天事者焉。又谓其能以上识天时，下尽地理，中尽物情，通照人事者焉。又谓其能以弥纶天地，出入造化，进退今古，表里人物者焉。

**【译文】**

还说这样的人能够用自己的心去代替上天的意志，用自己的口去传达上天的言语，用自己的双手去代替上天的创造之功，用自己的身体去履行上天安排的事务。

还说这样的人能够在上知晓天时的变化，在下穷尽地理的奥秘，在中间能够透彻地了解万物的性情，全面地洞察人间的各种事务。

还说这样的人能够统摄天地之间的一切，自由地出入于大自然的创造化育之中，在古今之间自如地穿梭，无论是外在的事物还是内在的人性都能了如指掌。这样的人，被赋予了超凡的能力和智慧。

他们的心如同上天的意志一般深邃和高远，能够感知到宇宙间的微妙变化，从而做出符合天道的判断。

他们的口能够说出具有启示性和权威性的话语，仿佛是上天在传达旨意。他们的双手充满了创造力，所做的一切都如同上天的杰作，精妙绝伦。

他们的身体则是践行天道的工具，兢兢业业地履行着自己的使命，推动着世间万物的发展。

在对天地万物的认知上，他们有着无与伦比的洞察力。上知天时，能够准确地把握时间的流转和季节的更替，知晓大自然的规律。下尽地理，对山川河流、土地资源等有着深入的了解，能够合理地利用自然资源。中尽物情，对世间万物的特性和情感有着敏锐的感知，懂得尊重和顺应万物的本性。

通照人事，对人类社会的各种现象和人际关系有着深刻的理解，能够妥善地处理各种事务。而在更广阔的天地之间，他们能够弥纶天地，将天地间的一切事物都纳入自己的认知和掌控范围。他们可以自由地出入造化，与大自然融为一体，感受生命的奥秘。在时间的长河中，他们能够进退今古，从历史中汲取智慧，为当下和未来提供借鉴。对于人物的理解，无论是外在的表象还是内在的本质，他们都能清晰地洞察，做到表里如一。

【感悟】

与天地参、与万物一” 的终极境界 --------

圣人以心代天志、以口传天言、以手行天功、以身履天事，

具 “上知天时、下穷地理、中尽物情、通照人事” 之能。

其心合天道，洞彻宇宙变化；其言如天谕，具启示之力；

其行若天工，创化精妙；其身践天职，推动万物。

于天地，能统摄万象、出入造化；

于时间，可贯通古今、以史鉴今；于人物，明察表里、洞悉本质。

## 十一、“人物”之辩

**【关键词解析】**

以心代天意：“心”代表着人的思维和意识，“天意”象征着宇宙的规律和主宰力量。“以心代天意”指的是人的思维能够达到与上天意志相契合的程度，能够理解和顺应自然规律，仿佛是上天意志的执行者。

口代天言：“口”是表达和传达的工具，“天言”代表着具有权威性和启示性的话语。“口代天言”意味着人的言语能够传达出如同上天旨意般的智慧和真理，具有说服力和影响力。

手代天工：“手”代表着人的行动和创造能力，“天工”指的是大自然的神奇创造力。“手代天工”表示人的创造力达到了极高的水平，所创造的事物如同上天的杰作，体现了人的智慧和能力与大自然创造力的结合。

身代天事：“身”指人的身体和行为，“天事”代表着上天安排的使命和任务。“身代天事”意味着人的行为能够履行上天赋予的职责，以实际行动推动事物的发展，完成上天的安排。

上识天时：“上”表示在时间和空间的维度上处于较高的层面，“天时”指的是时间的流转、季节的变化以及大自然的规律。“上识天时”强调了人对时间和自然规律的深刻认识和把握，能够预测和顺应天时的变化。

下尽地理：“下”与“上”相对，代表着在空间的维度上处于较低的层面，“地理”包括山川、河流、土地等自然地理环境。“下尽地理”表示人对地理环境有着深入的了解，能够充分认识和利用自然资源。

中尽物情：“中”涵盖了世间万物，“物情”指的是万物的特性、情感和规律。“中尽物情”体现了人对世间万物的敏锐感知和深刻理解，能够尊重和顺应万物的本性。

通照人事："通"表示全面、透彻，"照"有洞察、了解的意思，"人事"指人类社会的各种现象和人际关系。"通照人事"意味着人对人类社会有着深刻的理解，能够妥善地处理各种人际关系和社会事务。

弥纶天地："弥纶"有统摄、涵盖的意思，"天地"代表着宇宙万物。"弥纶天地"表示人能够将天地间的一切事物纳入自己的认知和掌控范围，体现了人的认知和能力的广阔性与全面性。

出入造化："出入"表示自由地进出，"造化"指大自然的创造化育。"出入造化"意味着人能够与大自然融为一体，深入了解生命的奥秘，同时也能够在大自然的创造过程中发挥自己的作用。

进退今古："进退"表示在时间的维度上自由地穿梭，"今古"指的是当下和历史。"进退今古"体现了人对历史和现实的深刻理解，能够从历史中汲取经验教训，为当下和未来提供借鉴。

表里人物："表"指外在的表象，"里"指内在的本质，"人物"包括人和各种事物。"表里人物"表示人能够全面地了解人和事物的外在表现和内在本质，做到对人和事物的透彻理解。

**【原文】**

噫！圣人者，非世世而效圣焉。吾不得而目见之也。虽然吾不得而目见之，察其心，观其迹，探其体，潜其用，虽亿万千年亦可以理知之也。人或告我曰："天地之外，别有天地万物，异乎此天地万物。"则吾不得而知之也。

**【译文】**

唉！所谓的圣人，并非每一世都能出现并能效法的对象。

我没办法目睹圣人的真容。即便如此，我虽不能亲眼见到圣人，但是通过考察圣人的内心世界，观察圣人留下的事迹，探究圣人的思想体系，钻研圣人思想的实际应用，即使跨越亿万千年的时光，也能够凭借事理和智慧去了解圣人。

有人告诉我说：“在我们所处的天地之外，还存在另外的天地万物，与我们所熟知的天地万物截然不同。”对于这样的说法，我是无法确切知晓其真实性的。

圣人，作为一种超凡的存在，他们的境界和成就不是每一个时代都能孕育出来的。我们生活在当下，无法直接目睹圣人的风采，但我们可以从他们的思想和行为中去探寻他们的伟大之处。通过深入研究圣人的内心，我们可以理解他们的价值观和道德准则；观察他们的事迹，能够知晓他们在历史上所做出的贡献和影响；探究他们的思想体系，能够把握他们对世界和人生的独特见解；而钻研他们思想的实际应用，则可以看到他们的智慧在现实中的体现。

尽管时间的长河悠悠流淌，岁月更迭，圣人所处的时代与我们相距甚远，但人类的智慧和理性是相通的。我们可以凭借着已有的知识和对事理的理解，去感悟圣人的思想，体会他们的伟大。然而，对于那些超出我们认知范围的事物，比如天地之外的另一个世界，我们的认知是有限的。

我们所了解的天地万物，是基于我们现有的观察和经验，而对于未知的领域，我们无法轻易地判断其存在与否和真实面貌。我们在探索圣人的过程中，也应该认识到人类认知的局限性。我们不能因为无法亲眼见到圣人，就否定他们的存在和价值；同样地，我们也不能盲目地相信那些关于未知事物的说法。我们应该以理性和科学的态度，去探索和理解世界，既要尊重已有的知识和经验，又要保持对未知的好奇心和探索精神。

【感悟】

"究圣理而不迷虚妄，知有涯而探无穷" 的认知智慧 ----

当以理性研析其思想价值，而非执着于具象目睹，

对未知，应守认知边界，既信理性可通古今智慧，

亦知经验之外存不可妄断之域，

此乃 "究圣理而不迷虚妄，知有涯而探无穷" 的认知智慧。

【关键词解析】

圣人：文中所指的具有极高道德、智慧和能力的人，是一种理想化的、超越常人的存在，他们的思想和行为对人类社会有着深远的影响。

效圣："效"有效法、模仿的意思，"效圣"即效仿圣人的言行、思想和品德，以圣人为榜样来提升自己。

目见："目"即眼睛，"目见"表示亲眼看到，强调通过直接的视觉感知来认识事物。在这里指目睹圣人的真实情况。

察其心："察"是考察、探究的意思，"其心"指圣人的内心世界。"察其心"就是通过各种方式去了解圣人的思想、情感和价值观。

观其迹："观"是观察的意思，"其迹"指圣人留下的事迹和行为表现。"观其迹"即通过观察圣人在历史上的所作所为，了解他们对社会和人类的贡献。

探其体："探"有探究、钻研的意思，"其体"指圣人的思想体系。"探其体"表示深入研究圣人的思想理论，把握其核心和本质。

潜其用："潜"有钻研、深入了解的意思，"其用"指圣人思想的实际应用。"潜其用"即探究圣人的思想在现实生活中的作用和影响，以及如何将其应用于实践。

理知：“理”指事理、道理，“知”是知晓、理解的意思。“理知”表示凭借对事理的理解和智慧去认识事物，即使没有亲身经历，也能通过理性思维去把握。

天地之外：“天地”在这里代表我们所认知的宇宙空间和万物，“天地之外”指超出我们现有认知范围的领域，暗示着未知的世界。

异乎此：“异”表示不同，“乎此”指我们所熟知的天地万物。“异乎此”强调与我们已知的事物存在差异，体现了对未知事物的描述。

**【原文】**

非唯吾不得而知之也，圣人亦不得而知之也。凡言知者，谓其心得而知之也。言言者，谓其口得而言之也。既心尚不得而知之，口又恶得而言之乎？以不可得知而知之，是谓妄知也。以不可得言而言之，是谓妄言也。吾又安能从妄人而行妄知妄言者乎！”

**【译文】**

不仅是我无法知晓那些（天地之外的情况），即便是圣人也无法知晓啊。

大凡说到“知”，说的是内心有所领悟从而知晓事物。说到“言”，说的是口中能够表达从而说出事物。既然内心尚且无法知晓那些（未知的事物），嘴巴又怎么能够说出来呢？凭借着不可以知晓的情况却自以为知晓，这就叫作虚妄的认知。凭借着不可以言说的内容却去言说，这就叫作虚妄的言论。我又怎么能够跟从那些虚妄的人去做出虚妄的认知和虚妄的言论呢！ 对于未知的领域，比如天地之外的世界，无论是普通人还是圣人，都存在认知的局限。圣人虽然有着超凡的智慧和洞察力，但也并非全知全能，对于超越他们认知范围的事物，同样无法知晓。而我们所说的“知”，是基于内心对事物的理解和感悟，只有内心真正领悟了，才算是真正的知晓。“言”则是将内心的认知通过语言表达出来。

当面对未知时，如果仅仅凭借着主观的想象和猜测，就认为自己知晓了那些实际上无法知晓的事情，这就是虚妄的认知。同样，如果将这些无法确定的事情随意地说出来，就是虚妄的言论。

在生活中，我们会遇到一些人，他们喜欢对未知的事物发表自己的看法，看似头头是道，实则缺乏可靠的依据。我们不能盲目地跟从这些人，不能轻易地接受他们虚妄的认知和言论，而应该保持理性和谨慎的态度。我们要认识到人类认知的有限性，对于那些超出我们理解范围的事物，要保持敬畏之心。不能因为好奇心和求知欲，就随意地发表判断和言论。只有通过不断的探索和研究，在有足够的证据和理由的基础上，才能够对事物有更准确的认知和表达。

【感悟】

“认知有限性”的根本智慧——————

“知”源于内心领悟，“言”基于认知确证，

若对不可知之事妄称知晓、妄加言说，便是虚妄。

不凭主观臆测越界判断，不随虚妄言论盲目附和，以理性敬畏未知。

唯有承认“有所不知”的必然，拒绝虚妄认知与言论，

方能在“知与不知”的边界间，保持思维的清醒与认知的诚实。

【关键词解析】

知：在文中表示对事物的认识和理解，强调内心的领悟，是一种基于自身思考和感悟的认知状态。

心得而知之：“心”指内心，“得”表示获得、领悟，“心得而知之”突出了认知的主观性和内心体验的重要性，即通过内心的思考和感悟来知晓事物。

言：这里指用语言表达对事物的看法和理解，是将内心的认知通过言语传达出来的过程。

口得而言之：“口”代表嘴巴，“得”同样表示能够，“口得而言之”说明语言表达是基于内心的认知，只有内心真正理解了，嘴巴才能准确地表达出来。

妄知：“妄”表示虚妄、不实，“妄知”指的是在没有足够的依据和真实的认知的情况下，凭借主观臆断就认为自己知晓了事物，是一种错误的认知方式。

妄言：“妄言”是指说出没有根据、不真实的言论，是基于虚妄的认知而做出的表达。

妄人：指那些喜欢发表虚妄的认知和言论的人，他们往往缺乏对事物的深入了解，仅凭主观想象和猜测就随意发表看法。

安能：“安”表示怎么，“能”表示能够，“安能”表达了一种反问的语气，强调不能跟从妄人做出虚妄的认知和言论。

**【原文】**

渔者谓樵者曰：“仲尼有言曰：殷因于夏礼，所损益可知也；周因于殷礼，所损益可知也。其或继周者，虽百世可知也。夫如是，则何止于百世而已哉！亿千万世，皆可得而知之也。”

**【译文】**

渔夫对樵夫说道：“孔子曾经说过，商朝继承了夏朝的礼仪制度，其中所做的删减与增添是能够知晓的；周朝又继承了商朝的礼仪制度，其中所做的改变与调整也是可以了解的。那么倘若有继承周朝礼仪制度的朝代，哪怕历经百代，其变化也是能够推知的。”像这样的话，又怎么会仅仅局限于百代呢！就算是历经亿千万代，其中的规律与变化也都是可以了解到的。孔子所提及的夏、商、周三代礼仪制度的沿袭与变革，揭示了历史发展进程中的一种内在逻辑。

商朝承接夏朝的礼仪制度，并非是原封不动地照搬，而是依据当时的社会状况与需求，对夏朝的礼仪进行了一定程度的调整。这种调整既包含了对夏朝礼仪中不符合商朝实际情况部分的删减，也有根据新的社会形势所做出的增添。同样地，周朝对于商朝的礼仪制度也是在继承的基础上进行了改变。周朝结合自身的政治、文化等方面的特点，对商朝的礼仪制度进行了优化与完善。这种传承与变革并非偶然，而是历史发展的必然趋势。

从孔子的观点来看，通过对前代礼仪制度的继承与变革的研究，我们能够洞察到一种规律。这种规律使得我们即便面对百代甚至亿千万代的历史变迁，也能够依据已有的经验和知识，去推测和理解后续朝代在礼仪制度等方面可能会出现的变化。

渔夫向樵夫引用孔子的话，意在表明历史的发展并非毫无头绪，而是有着内在的连贯性和规律性。就如同礼仪制度的传承一样，社会的其他方面，诸如政治格局、文化传统、经济模式等，也都遵循着类似的规律。

我们可以凭借对历史的深入探究，来把握这种规律，进而对未来的发展趋势做出一定的预判。即便时间跨度极为漫长，跨越了亿千万代，只要我们掌握了这种历史发展的规律，就能够在一定程度上知晓其中的变化，而不仅局限于百代的范围之内。

【感悟】

“以史为镜，通贯古今”的智慧真谛--------

孔子所言“虽历百代可知”，实则亿千万代亦然。

因历史演进有内在连贯性，前代制度的因革逻辑，

可成为预判后世变化的依据。

世人若能洞察历史因革的内在逻辑，便可超越时间局限，

以古知今、以今推来，在历史的连续性中把握发展规律。

**【关键词解析】**

仲尼：即孔子，儒家学派的开创者，是中国古代伟大的思想家、教育家。他的言论在文中作为阐述历史规律的重要依据，具有权威性和深刻的思想内涵。

殷因于夏礼：“殷”代表商朝，“因”意为沿袭、继承，“夏礼”指夏朝的礼仪制度。“殷因于夏礼”表明商朝在建立后，对夏朝的礼仪制度进行了继承，同时又有所变革，体现了朝代之间礼仪制度的传承与发展。

损益：“损”表示减少、削减，“益”表示增加、增益。在文中，“损益”指的是在继承前代礼仪制度的基础上，根据实际情况对其进行的删减和增添，突出了事物在发展过程中的变化性。

周因于殷礼：“周”指周朝，“因”依旧是继承的含义，“殷礼”是商朝的礼仪制度。“周因于殷礼”说明周朝在建立政权后，继承了商朝的礼仪制度，并结合自身情况进行了相应的调整和完善。

继周者：指的是在周朝之后，继承周朝礼仪制度的后续朝代或政权。通过对夏、商、周三代礼仪制度传承与变革的分析，来推断继周者在礼仪制度方面可能出现的情况。

百世：“百”在这里表示数量众多，“世”指代朝代或时代。“百世”用来形容时间跨度之长，强调即使历经许多代，也能依据历史规律了解其变化。

亿千万世：“亿千万”形容数量极其庞大，“世”同样表示时代。“亿千万世”进一步强调了时间的久远，突出了无论时间如何推移，历史发展规律始终存在，我们可以凭借对规律的把握来认识未来的发展。

【原文】

人皆知仲尼之为仲尼，不知仲尼之所以为仲尼，不欲知仲尼之所以为仲尼则已，如其必欲知仲尼之所以为仲尼，则舍天地将奚之焉？人皆知天地之为天地，不知天地之所以为天地。不欲知天地之所以为天地则已，如其必欲知天地之所以为天地，则舍动静将奚之焉？

【译文】

人们都知道孔子就是孔子，却不明白孔子之所以成为孔子的缘由。如果不想去了解孔子之所以成为孔子的原因，那也就罢了；但如果一定要知晓孔子之所以成为孔子的根源，那么不依据天地的规律和变化，又能依据什么呢？人们都知道天地就是天地，却不明白天地之所以成为天地的道理。如果不想去了解天地之所以成为天地的缘由，那也就算了；但要是一定要知道天地之所以成为天地的根源，那么不依据动静变化的规律，又能依据什么呢？众人对孔子的认知，往往停留在表面，知道他是伟大的思想家、教育家，有着诸多的学说和主张。然而，很少有人深入思考孔子为何能有如此卓越的成就，形成如此深远的思想。

孔子的思想和成就并非凭空而来，而是与天地的规律、时代的背景以及个人的经历紧密相连。想要真正理解孔子之所以成为孔子的原因，就不能脱离天地间的万事万物，不能忽视自然与社会的变化。同样地，对于天地的认知，人们大多只是看到了天地的表象，知道天地是我们生存的空间，有着山川河流、日月星辰等。但对于天地的本质，天地之所以能孕育万物、运行变化的原理，却知之甚少。

天地的运行有着其内在的规律，动静变化之间蕴含着深刻的道理。想要探究天地之所以成为天地的根源，就必须从天地的动静变化中去寻找答案。比如天地间的四季更替、昼夜变化，这些动静的现象背后都有着其必然性。孔子的思想也如同天地的规律一样，有着其产生和发展的必然性。我们不能仅仅满足于对孔子和天地的表面认知，而应该深入探究其本质和根源，从天地的动静变化中去理解孔子的思想，从孔子的思想中去感悟天地的奥秘。

【感悟】

“知其然更知其所以然”的哲学境界——————

认知不可停于表象，当溯本质之源。

孔子与天地，一为人文之极，一为自然之基，

其存在与演化均循“天人合一”之轨。

唯有从天地动静中悟孔子思想之必然，

于孔子之道中观天地运化之玄机，

方能破浅层认知之障，达“知其然更知其所以然”的哲学境界，

窥见人文与自然共通的本源规律。

**【关键词解析】**

仲尼：即孔子，名丘，字仲尼，儒家学派创始人，在文中作为深入探究的对象，代表着一种高深的思想和智慧。

仲尼之所以为仲尼：指孔子成为如此伟大人物，形成独特思想体系的内在原因，包括他所处的时代背景、个人经历、思想传承以及对天地规律的感悟等多方面因素。

舍天地：“舍”表示抛开、舍弃，“天地”在这里代表着自然规律、宇宙万物以及社会的大环境。“舍天地”意味着如果不依据天地间的规律和变化，就难以理解孔子成为孔子的原因。

天地：既指我们生活的自然世界，包含山川、日月、星辰等，也象征着一种宏观的、具有规律性的存在，是探究诸多问题的重要依据。

天地之所以为天地：指天地形成和运行的内在原理，如天地的起源、万物的生发、自然现象的变化等背后所遵循的规律。

动静：是天地运行变化的一种表现形式，如四季的更迭、昼夜的交替等，也是探究天地本质的关键因素，蕴含着天地运行的内在逻辑。

舍动静：与“舍天地”类似，强调如果不依据动静变化的规律，就难以知晓天地之所以成为天地的根源，突出了动静在理解天地本质过程中的重要性。

**【原文】**

夫一动一静者，天地至妙者欤？夫一动一静之间者，天地人至妙者欤？是知仲尼之所以能尽三才之道者，谓其行无辙迹也。故有言曰：“予欲无言”，又曰：“天何言哉！四时行焉，百物生焉。”其此之谓与？

**【译文】**

那一动一静的变化，大概是天地间最为神妙的吧？而在一动一静之间所蕴含的道理，大概是天地人之间最为神妙的吧？

由此可知，孔子之所以能够完全领悟天、地、人三才的道理，是因为他的行为没有固定的模式痕迹。

所以孔子说：“我想不说话了。”又说：“天说了什么呢？四季照样运行，万物照样生长。”大概说的就是这个意思吧？

天地之间，一动一静的变化蕴含着无穷的奥秘。动与静相互依存、相互转化，构成了天地间丰富多彩的现象和规律。而在一动一静之间，更隐藏着天地与人之间的微妙联系。孔子作为一位伟大的智者，能够洞察这一动一静之间的深刻道理，所以他能够穷尽天、地、人三才之道。

孔子的行为并不拘泥于固定的模式和方法，他能够根据不同的情况和情境，灵活地应对和处理问题。他所说的“予欲无言”，并非真的不说话，而是强调有些道理并不需要用言语来表达，通过观察天地的运行、万物的生长，就能领悟到其中的真谛。就像天一样，虽然没有说话，但是四季依然按照规律运行，万物依然蓬勃生长。

孔子从天地的运行中领悟到了无言的智慧，也将这种智慧融入自己对天、地、人三才之道的理解和实践中。通过对一动一静之间道理的把握，以及对孔子言论和思想的思考，我们可以更好地理解天地间的规律和人的行为准则，从而在生活中更好地顺应自然、遵循规律，达到更高的境界。

【感悟】

天地之道在动静相变中彰显，圣人之智于无言处领悟 ----

天地间最神妙者，莫过一动一静之变；

天人之际最深邃者，即在动静相变之理。

唯有超越固定模式，观法天地自然之动静，

方能通贯三才之道，达 “行无辙迹，应物自然” 之境，

在动与静的辩证中，体认宇宙与人生的深层智慧。

**【关键词解析】**

一动一静：代表着天地间的变化规律，动与静相互交替、相互作用，是天地万物运行的基本方式，蕴含着深刻的哲理。

天地至妙：“至妙”表示极其神妙，“天地至妙”强调一动一静的变化是天地间最为神奇、奥妙的现象，体现了动与静在天地运行中的重要性和神秘性。

天地人至妙：除了天地间的变化，一动一静之间还蕴含着天地与人之间的精妙联系，这种联系构成了天、地、人三才之间的和谐与变化，是更为深层次的妙处。

仲尼：即孔子，儒家学派的创始人，文中指他作为能够深刻理解天、地、人三才之道的智者，其思想和行为对后人理解天地规律和人生准则具有重要的指导意义。

三才之道："三才"指天、地、人，"三才之道"是指天、地、人之间相互关联、相互影响的规律和道理，孔子能够全面领悟这些规律，体现了他的智慧和对世界的深刻认识。

行无辙迹："辙迹"指车轮走过留下的痕迹，"行无辙迹"形容孔子的行为不拘泥于固定的模式和方法，能够灵活应对各种情况，体现了他的智慧和通达。

予欲无言：孔子的言论，表达了他对某些道理的深刻理解，即有些道理无须言语表达，通过观察和体悟自然现象就能领悟。

天何言哉！四时行焉，百物生焉：孔子以天为例，说明天地自然的运行有着自身的规律，无须言语，却能让四季正常更替，万物茁壮成长，体现了无言的智慧和自然规律的强大力量。

# 十二、“权变”之辩

【原文】

渔者谓樵者曰：“大哉！权之与变乎？非圣人无以尽之。变然后知天地之消长，权然后知天下之轻重。消长，时也；轻重，事也。时有否泰，事有损益。圣人不知随时否泰之道，奚由知变之所为乎？圣人不知随时损益之道，奚由知权之所为乎？运消长者，变也；处轻重者，权也。是知权之与变，圣人之一道耳。”

【译文】

渔夫对樵夫说道：“权力与变化是多么伟大啊！如果不是圣人，就无法完全理解和掌握它们。

通过变化，才能知晓天地之间的消退与增长的规律；凭借权衡，才能明白天下之事的轻重缓急。

消退与增长，这是时机的体现；轻重缓急，这是事物本身的特性。时机有闭塞和通泰之分，事物有减损和增益之别。假如圣人不懂得顺应时机而知晓闭塞与通泰的道理，又怎么能明白变化所带来的影响呢？假如圣人不懂得随着时机的变化而掌握减损和增益的方法，又怎么能明白权衡的作用呢？主宰着消退与增长的，是变化；处理事情轻重缓急的，是权衡。

由此可知，权衡与变化，是圣人所遵循的一种准则啊。权力与变化在天地之间有着至关重要的作用。变化无处不在，它体现在天地的运行之中. 四季的更替、昼夜的变化，都是天地消长的表现。而权衡则能让我们在面对各种事物时，准确地判断其轻重缓急，做出恰当的决策。

圣人之所以能够洞察天地之间的奥秘，正是因为他们深刻理解了变化和权衡的道理。时机的变化有否泰之分，否代表着闭塞不通，泰代表着通泰顺利。在不同的时机下，事物的发展也会有所不同，圣人能够敏锐地感知时机的变化，从而做出正确的判断和决策。事物的发展也有损益之别，有的时候需要减损一些东西，有的时候需要增益一些东西，圣人能够根据具体情况，掌握损益的尺度。

总之，权力与变化相互关联，变化带来了事物的发展和演变，而权衡则能让我们在变化中把握事物的本质，做出正确的选择。圣人将权力与变化的道理融会贯通，以此来指导自己的行为和决策，这是一种高深的智慧和境界。

【感悟】

"因变制宜、以权应世" 之境 --------

天地运行在变中见规律，
世事处理于权中显智慧，
圣人以权变贯通天人，既察时机之转，又明物情之变，
在消长与轻重的辩证中，达 "因变制宜、以权应世" 之境，
使行为合于天道、契于人事。

**【关键词解析】**

权：指权衡、权变，即对事物进行深入分析和判断，根据不同的情况做出恰当的决策，体现了一种灵活应对的能力。

变：表示变化、演变，涵盖了天地万物的发展变化，包括自然现象的变化和社会事物的变迁等。

圣人：具有超凡的智慧和品德，能够深刻理解和掌握天地之间的规律，善于运用权和变来应对各种情况。

消长：“消”指消退、减少，“长”指增长、发展，“消长”体现了事物在时间和空间上的变化，如四季的交替、事物的兴衰等。

轻重：表示事物的重要程度和缓急之分，通过权衡来判断事物的轻重，从而决定处理事情的先后顺序和方式。

时：即时机、时运，包含了时间的变化以及与之相关的各种条件和机遇，时机有否泰之分，影响着事物的发展。

事：指各种具体的事情和情况，事物的发展有损益之别，需要根据不同的情况进行权衡和处理。

否泰：“否”象征着不利、闭塞的状态，“泰”象征着顺利、通泰的状态，“否泰”描述了时机的变化和事物发展的不同阶段。

损益：“损”意为减损、减少，“益”意为增益、增加，“损益”体现了事物在发展过程中需要根据实际情况进行调整和变化。

# 十三、“生死”之辩

**【原文】**

樵者问渔者曰：“人谓死而有知，有诸？”

曰：“有之。”

曰：“何以知其然？”

曰：“以人知之。”

**【译文】**

樵夫向渔夫问道：“人们说人死后仍然有知觉，真的有这样的事吗？”

渔夫回答说：“有这样的情况。”

樵夫又问：“你凭借什么知道是这样的呢？”

渔夫说：“是根据对人的了解来知道的。”

樵夫与渔夫的这番对话，围绕着人死后是否有知觉这一神秘而深刻的话题展开。在现实生活中，对于死亡以及死后的世界，人们常常充满了好奇和疑惑。

樵夫代表着众多对未知的死后世界怀有疑问的人，他向渔夫提出了人死后是否有知觉的问题，试图从渔夫那里获得答案。渔夫坚信人死后是有知觉的，当樵夫进一步追问他判断的依据时，渔夫给出了“以人知之”的回答。这里的“以人知之”有着丰富的内涵。

## 十三、“生死”之辩

人作为世间万物中具有独特思维和情感的存在，其自身的经历、认知和感悟，或许能够为理解死后的世界提供一些线索。也许在渔夫看来，人在生前有着复杂的意识和感受，而死亡并不一定意味着这种意识和感受的完全消失。从更广泛的意义上讲，这一话题涉及哲学、宗教和心理学等多个领域。不同的文化和思想体系对于人死后是否有知觉有着不同的观点和解释。有一些人从宗教信仰的角度出发，相信灵魂的存在和轮回；而另一些人则从科学的角度，试图通过对生命现象的研究来探索死后的世界。

【感悟】

以生之觉，照见死之迷——————

生前意识的复杂性，

构成推测死后知觉的逻辑前提，

却也成为认知的局限。

用有限的生之经验，叩问无限的死亡本质，

其答案或许不在“有无”，

而在人对自身存在的终极反思，

以生之觉，照见死之迷，

恰是生命智慧的深层体现。

**【关键词解析】**

死而有知：“死”指生命的终结，“有知”表示具有知觉、意识。“死而有知”即人在生命结束后仍然保留某种形式的知觉或意识，这是对话探讨的核心概念，反映了人们对死后世界的好奇和对生命本质的思考。

诸：在这里是“之乎”的合音，“人谓死而有知，有诸？”意思是人们说人死后有知觉，真的有这回事吗？“诸”起到了疑问助词的作用，引出了对死后是否有知的疑问。

何以：是“以何”的倒装，意为“凭借什么”。樵夫问“何以知其然？”即你凭借什么知道人死后是有知觉的这种情况是真实的，体现了对渔夫观点依据的追问。

以人知之：“以”表示凭借、根据，“人”指人类自身，“知之”表示知道、了解。“以人知之”表明渔夫认为是根据对人类自身的认识和理解来判断人死后有知觉，强调了从人的角度去探寻死后世界的认知方式。

**【原文】**

曰：“何者谓之人？”

曰：“目耳鼻口心胆脾肾之气全，谓之人。心之灵曰神，胆之灵曰魄，脾之灵曰魂，肾之灵曰精。心之神发乎目，则谓之视；肾之精发乎耳，则谓之听；脾之魂发乎鼻，则谓之臭；胆之魄发乎口，则谓之言。八者具备，然后谓之人。”

**【译文】**

（樵夫接着）问道：“那什么样的才被称作人呢？”

（渔夫回答）说：“眼睛、耳朵、鼻子、嘴巴、心、胆、脾、肾以及它们所蕴含的气都完备无缺，这样的就被称作人。心所蕴含的灵性叫神，胆所蕴含的灵性叫魄，脾所蕴含的灵性叫魂，肾所蕴含的灵性叫精。心的神通过眼睛表现出来，这就叫视觉；肾的精通过耳朵表现出来，这就叫听觉；脾的魂通过鼻子表现出来，这就叫嗅觉；胆的魄通过嘴巴表现出来，这就叫言语。眼睛、耳朵、鼻子、嘴巴、神、魄、魂、精这八个方面都具备了，然后才可以被称作人。”这段对话深入探讨了“人”的定义。

樵夫对于“人”的概念进一步发问，渔夫给出了详细的解释。他认为人不仅是由身体的各个器官构成，还包括这些器官所蕴含的气以及与之相关的灵性。心、胆、脾、肾各自有着独特的灵性，这些灵性通过眼睛、耳朵、鼻子、嘴巴等器官表现为视、听、嗅、言等能力。只有当这些方面都完备时，才符合“人”的标准。从更深层次来看，这体现了一种对人的全面认知，不仅关注身体的构造，还重视内在的灵性和能力。

这种观点在古代哲学和文化中具有一定的代表性，反映了当时人们对于生命和人性的思考。通过对人各个部分的分析，展现了人作为一个整体，其身体和灵性之间相互关联、相互作用的关系。

【感悟】

“人”为形神兼备的完整体--------

眼耳口鼻与心胆脾肾及所蕴之气皆备，方谓之人。

心藏神显于目为视，肾藏精显于耳为听，

脾藏魂显于鼻为嗅，胆藏魄显于口为言，

此八者合，乃成“人”之定义。

**【关键词解析】**

人：对话的核心概念，探讨的是具有怎样特征的存在才可以被称作人，涵盖了身体器官、内在灵性等多个方面。

目耳鼻口心胆脾肾之气：“目”指眼睛，“耳”指耳朵，“鼻”指鼻子，“口”指嘴巴，“心”“胆”“脾”“肾”是人体重要的脏器，“气”在这里可理解为这些器官所蕴含的生机和能量。强调了人的构成不仅有外在可见的器官，还有与之相关的气。

神：心之灵曰神，“神”代表着心所具有的灵性，这种灵性通过眼睛的视觉表现出来，在人的精神和感知方面起着重要作用。

魄：胆之灵曰魄，“魄”是胆所蕴含的灵性，通过嘴巴的言语表现出来，与人体的行为和表达能力相关。

魂：脾之灵曰魂，“魂”是脾所蕴含的灵性，通过鼻子的嗅觉表现出来，涉及人的感知和认知层面。

精：肾之灵曰精，“精”是肾所蕴含的灵性，通过耳朵的听觉表现出来，与人体的生理和感知功能紧密相连。

视、听、臭、言：“视”指视觉，是心之神通过眼睛表现的能力；“听”指听觉，是肾之精通过耳朵表现的能力；“臭”在这里指嗅觉，是脾之魂通过鼻子表现的能力；“言”指言语，是胆之魄通过嘴巴表现的能力。这些能力是人体灵性的外在体现。

**【原文】**

夫人也者，天地万物之秀气也。然而亦有不中者，各求其类也。若全得人类，则谓之曰全人之人。夫全类者，天地万物之中气也，谓之曰全德之人也。全德之人者，人之人者也。夫人之人者，仁人之谓也。唯全人，然后能当之。

**【译文】**

人啊，是天地万物间灵秀之气所凝聚而成的。然而，人也有不完全符合这种灵秀特质的情况，各自有着不同的类别和表现。如果有人完全具备了人类所应有的各种特性，那就可以称他为完美无缺的人。完全具备人类各类优良特质的人，是天地万物之间中和之气的体现，这样的人可称为具备全面品德的人。具备全面品德的人，才是真正意义上的人。真正意义上的人，说的就是有仁德的人。只有完美无缺的人，才能够担当起“真正的人”这一称呼。

人作为天地万物中独特的存在，汇聚了天地的灵秀之气。但并非每个人都能充分展现出这种灵秀。有些人在某些方面有所欠缺，而有些人则能将人的各种优秀特质集于一身。那些完全具备人类优秀特质的人，不仅代表着人类自身的优秀，更是天地间中和之气的一种体现。这种中和之气使得他们具备了全面的品德，成为真正意义上的人。而真正意义上的人，其核心特质就是仁德。仁德是一种高尚的品德，涵盖了对他人的关爱、对社会的责任感等多个方面。只有那些完美无缺、全面发展的人，才能够真正地拥有和践行仁德，也只有这样的人，才配得上“真正的人”这一赞誉。

【感悟】

**“人法天地、德合中和” 的哲理 --------**

**人乃天地灵秀之气凝聚而成，然非皆全具灵秀特质。**

**唯完具人类优良特性者，方为完美无缺之人，**

**此乃天地中和之气的体现，具全面品德，即“真正的人”。**

**【关键词解析】**

天地万物之秀气：“天地万物”指的是整个宇宙间的一切事物，“秀气”意味着灵秀之气。人被认为是天地万物间灵秀之气的凝聚，强调了人在天地间的独特地位和特质，即人汇聚了天地的精华。

不中者：“中”在这里表示符合、达到。“不中者”指的是那些没有完全体现出人类应有的灵秀特质和优秀品质的人，说明人存在差异，并非所有人都能充分展现出人的完美一面。

全得人类：“全”表示完整、完全，“得”表示具备。“全得人类”指的是完全具备了人类应有的各种特性和品质，包括身体、精神、品德等多个方面，是一种完美的人的状态。

全类：指完全具备人类各类优良特质，这里的“类”代表着人类的各种特性和品质，“全类”之人是人类优秀特质的集合体。

天地万物之中气：“中气”可理解为中和之气，强调“全类”之人是天地万物间中和之气的体现，意味着他们的存在和特质与天地的和谐、平衡相契合。

全德之人：“全德”表示具备全面的品德，包括仁、义、礼、智、信等多个方面。“全德之人”是品德高尚、全面发展的人，是真正意义上的人。

人之人：前一个“人”强调的是真正意义上的人，后一个“人”指人类。“人之人”突出了真正意义上的人在人类中的特殊地位和品质。

仁人：“仁”是儒家思想的核心概念之一，代表着仁爱、善良、关怀他人等高尚品德。“仁人”就是具有仁德的人，是真正意义上的人的重要特质。

【原文】

人之生也，谓其气行，人之死也，谓其形返。气行则神魂交，形返则精魄存。神魂行于天，精魄返于地。行于天，则谓之曰阳行；返于地，则谓之曰阴返。阳行则昼见而夜伏者也，阴返则夜见而昼伏者也。

【译文】

人的生命存在时，说的是其体内之气在运行；人的生命结束时，说的是其形体回归自然。当气在体内运行时，人的神魂相互交融；当形体回归自然时，人的精魄留存。神魂运行于天，精魄回归于地。神魂运行于天，称为阳气的运行；精魄回归于地，称为阴气的返还。阳气运行时，表现为白天活动而夜晚休息；阴气返还时，表现为夜晚活动而白天隐藏。

人从生命的诞生到终结，气的运行和形体的变化贯穿其中。生命存续期间，气在体内周流不息，带动着神魂的交融，使人具有思维、意识和各种生命活动。而当生命走向终点，形体回归大地，精魄也随之留存。神魂被认为是与阳气相关，运行于天，象征着一种向上、光明的力量，表现为白天的活动状态；精魄与阴气相连，回归于地，代表着一种向下、潜藏的状态，如同夜晚的隐藏。

这种观点反映了古人对生命现象和生死本质的一种理解，将人的生命与天地间的阴阳之气相联系，认为人的生命活动和生死变化都遵循着一定的规律，与自然的阴阳变化相呼应。在古人的认知中，阴阳的交替和运行影响着人的生命状态，而人的生死也是阴阳变化的一种体现。

【感悟】

“天人同构、生死合道” 之理--------

生时气行体内，神魂交融，

死时形归自然，精魄留存。

神魂属阳气，运行于天，显为昼动夜息，

精魄属阴气，返还于地，现为夜动昼隐。

生死非孤立现象，乃天地阴阳大化的微观体现。

生是阳气主导的神魂彰显，死是阴气主导的精魄回归，

二者构成生命与自然的循环整体，体现 “天人同构、生死合道” 的哲学观。

**【关键词解析】**

气行：“气”在中国古代哲学中是一种重要概念，被认为是构成万物的基本元素之一。“气行”指气在人体内的运行，代表着生命的活力和各种生命活动的动力来源，气的运行维持着人的生命存在。

形返：“形”指人的形体，“返”有回归之意。“形返”表示人死后形体回归自然，意味着生命的终结和形体的消逝，回归到天地之间。

神魂交：“神”指人的精神、意识，“魂”常与神相关，代表着人的精神层面的存在。“神魂交”描述的是在生命过程中，神和魂相互交融的状态，体现了人的精神活动和意识的统一。

精魄存：“精”可理解为人体的精华、生命力，“魄”与精相关，代表着人的身体机能和生命力的一种体现。“精魄存”表示人死后精魄留存，精魄的留存与形体的回归相对应，体现了古人对生命终结后部分生命元素留存的认知。

阳行：与阳气相关，“阳”在阴阳学说中代表着积极、向上、光明等特性。“阳行”指神魂运行于天，表现为白天的活动状态，是阳气在生命和自然中的体现。

阴返：与阴气相关，“阴”代表着消极、向下、潜藏等特性。“阴返”指精魄回归于地，表现为夜晚的隐藏状态，体现了阴气在生命和自然中的运行规律。

昼见夜伏：“昼”指白天，“见”表示活动、显现；“夜”指夜晚，“伏”表示隐藏、休息。“昼见夜伏”描述了阳气运行时人的生命活动状态，符合自然的昼夜规律，体现了阳气的特性。

夜见昼伏：与“昼见夜伏”相对，描述了阴气运行时的状态，体现了阴气潜藏、夜晚活动的特点。

**【原文】**

是故知日者月之形也，月者日之影也。阳者阴之形也，阴者阳之影也。人者鬼之形也，鬼者人之影也。人谓鬼无形而无知者，吾不信也。

**【译文】**

所以说，太阳可看作月亮的本体形态，月亮则如同太阳所映照出的影子。阳气是阴气所依托的外在形态，阴气是阳气所衍生的影子。

人类可视为鬼的外在形体，鬼则是人类所对应的某种潜在形态，就如同影子一般。那些声称鬼没有具体形体且没有感知能力的人，我是不相信他们这种说法的。

在古人对宇宙万物的认知体系中，日月之间存在紧密的联系。太阳作为光明和能量的源泉，其形态和特性影响着月亮。月亮依赖于太阳的光照而呈现出不同的状态，就如同影子依赖于本体一样。同样地，阳气和阴气作为构成世界的两种基本元素，阳气表现出的是一种主动、显性的存在，类似于事物的外在形体；阴气则相对被动、隐性，恰似事物的影子，它们相互依存、相互作用，共同维持着世界的平衡与秩序。

而对于人和鬼的关系，人类生活在现实的世界中，有着具体的形体和感知能力。鬼在传统观念里是一种神秘的存在，被认为是人类在另一种状态下的体现。有人认为鬼是无形且无知的，但从上述类比的逻辑来看，既然万物都存在类似形体与影子的关系，那么鬼也不应是完全虚无和没有感知的。鬼或许以一种特殊的、难以被人类常规感知所察觉的形式存在，并且具备某种未知的感知能力。

这种对日月、阴阳、人鬼关系的理解，反映了古人对世界本质的探索和思考。他们试图通过对已知事物的观察和类比，去推测那些未知的、神秘的事物，展现了古人丰富的想象力和对真理的不懈追求。同时，也让我们看到古人在认知世界过程中所运用的独特思维方式，以及他们对生命、死亡和超自然现象的深刻洞察。

【感悟】

万物在“显与隐”“形与影”的辩证中依存——————

日月之中，太阳为本体，月亮是其影；

阴阳之间，阳气为形，阴气为影；

人鬼之际，人为形体，鬼是其影。

故鬼非虚无，而是如影随形的潜在存在，具未知感知。

万物在“显与隐”“形与影”的辩证中依存。

**【关键词解析】**

日者月之形，月者日之影：“日”指太阳，是太阳系的中心天体，代表着光明和能量。“月”指月亮，是地球的天然卫星。“形”在这里可理解为本体形态，“影”即影子。此句表明太阳是月亮所依托的基础形态，月亮是太阳的一种外在表现形式，类似于影子与本体的关系，体现了古人对日月运行和相互关联的一种认知。

阳者阴之形，阴者阳之影：“阳”代表阳气，是具有积极、主动、向上等特性的力量，如白天、光明、温暖等都与阳气相关。“阴”代表阴气，具有消极、被动、向下等特性，像夜晚、黑暗、寒冷等都与阴气相连。“形”和“影”的关系在这里用于阐述阴阳之间的相互依存和相互转化，阳气作为外在的、显性的存在类似于形体，阴气作为内在的、隐性的存在类似于影子。

人者鬼之形，鬼者人之影：“人”是具有物质形体和精神意识的生命存在。“鬼”在传统观念中是人类死后可能存在的一种状态，被认为是一种超自然的存在。“形”和“影”的概念在这里将人和鬼联系起来，表明人是鬼在现实世界的外在体现，鬼是人在另一个层面的存在形式，类似于影子与人的对应关系。

无形：指没有具体的、可被人类常规感知所察觉的物质形态，常用于描述鬼等超自然现象，是部分人对鬼的一种认知特征。

无知：表示没有感知和意识，同样是一些人认为鬼所具有的特性，即鬼不具备像人类一样的认知和感受能力，但这种观点在文中遭到了否定。

认知体系：指人们在认识世界的过程中所形成的一套系统的观念和理论，文中古人通过对日月、阴阳、人鬼等关系的理解构建起对世界的认知，体现了他们独特的思维方式和对宇宙万物的看法。

# 十四、“小人”之辩

**【原文】**

樵者问渔者曰：“小人可绝乎？”

曰：“不可。君子禀阳正气而生，小人禀阴邪气而生。无阴则阳不成，无小人则君子亦不成，唯以盛衰乎其间也。阳六分，则阴四分；阴六分，则阳四分。阳阴相半，则各五分矣。由是知君子小人之时有盛衰也。治世则君子六分。君子六分，则小人四分，小人固不能胜君子矣。”

**【译文】**

樵夫向渔夫问道：“小人这类人能够彻底根除吗？”

渔夫回答道：“不能。君子秉承阳刚正气而生，小人秉承阴邪之气而生。没有阴，阳就无法完整存在；没有小人，君子也就无从谈起，只不过在不同时期，二者的势力此消彼长罢了。”当阳气占六分的时候，阴气就占四分；当阴气占六分的时候，阳气就占四分。若阳气和阴气平分秋色，那便是各占五分。由此可知，君子与小人在不同时代有着势力的兴衰变化。在太平盛世，君子的势力占六分。君子势力占六分，小人就占四分，如此一来，小人自然无法胜过君子。”

在乱世之中，小人的势力往往会占据六分，君子则只占四分，此时君子就难以压制小人了。然而，君子与小人之间的较量，就如同昼夜交替、寒暑更迭，不会有一方永远占据上风。即便在小人势力强盛的时期，君子的正气也不会完全消失；而在君子主导的治世，小人也依然存在。这就好比太阳与月亮，太阳再明亮，夜晚也会有月亮的光辉；月亮再皎洁，白天也会被太阳的光芒所掩盖。

这种君子与小人的盛衰变化，其实是天地间阴阳平衡的一种体现。阴阳相互依存，又相互对立，谁也无法彻底消灭谁。社会也正是在君子与小人的此消彼长中不断发展前行。人们不能寄希望于完全消除小人，而是应该努力营造良好的社会环境，让君子的正气得以弘扬，使君子的势力能够在更多时候占据主导，从而引导社会走向安定与繁荣。同时，明白这种盛衰变化的规律，也能让人们在面对不同社会状况时保持清醒的认识，不因为一时的乱象而失去信心，也不因为一时的太平而放松警惕。

【感悟】

“对立共生、动态平衡” 的处世之理 ——————

君子承阳气，小人秉阴气，

二者如昼夜寒暑，相依而对立，无法彻底根除。

社会在两者更迭中前行，故不可求尽除小人，

而应扬君子正气，令其常居主导。

世人当明于治乱中持守清醒，

知盛衰循环乃天道，在阴阳制衡中求社会昌明，

此为 “对立共生、动态平衡” 的处世智慧。

**【关键词解析】**

小人：文中指品德不佳、行为不端、遵循负面价值观的人，与“君子”形成鲜明对比，代表社会中的负面力量。

君子：指具有高尚品德、遵循道德规范、弘扬正面价值观的人，是社会中积极正面的代表力量。

禀阳正气：“禀”意为承受、秉承，“阳正气”象征着积极向上、光明磊落、刚健正直的力量与特质，古人认为君子由这种正面力量孕育而生。

禀阴邪气：“阴邪气”代表着消极阴暗、自私狭隘、违背公序良俗的负面力量，文中认为小人受此影响而产生。

阴阳：中国古代哲学的核心概念，代表相互对立又相互依存的两种力量或状态，如日月、昼夜、寒暑等，文中借阴阳关系阐释君子与小人的关系。

盛衰：指君子与小人在社会中势力、影响力的消长变化，“盛”表示兴旺、强大，“衰”表示衰落、式微，二者的盛衰变化遵循一定规律。

治世：指社会治理得当、政治清明、秩序井然、人民安居乐业的太平时期，此时君子的影响力占据主导地位 。

乱世：与“治世”相对，指社会动荡不安、秩序混乱、道德崩坏的时期，这种环境下小人势力往往得以扩张。

【原文】

乱世则反是，君君，臣臣，父父，子子，兄兄，弟弟，夫夫，妇妇，谓各安其分也。君不君，臣不臣，父不父，子不子，兄不兄，弟不弟，夫不夫，妇不妇，谓各失其分也。此则由世治世乱使之然也。

【译文】

乱世的情形恰恰相反。所谓“君君，臣臣，父父，子子，兄兄，弟弟，夫夫，妇妇”，说的是在理想的社会秩序下，君主应当尽到君主的责任，以仁德治理国家；臣子应当恪守臣子的本分，忠诚辅佐君主；父亲应当承担起父亲的职责，教导子女、维持家庭秩序；儿子应当践行孝道，尊敬长辈；兄长应当爱护弟妹，树立榜样；弟弟应当敬重兄长，听从教诲；丈夫应当扛起家庭的重担，爱护妻子；妻子应当温柔贤淑，操持家务，每个人都安守自己在社会与家庭中的本分，各司其职，各尽其责。

然而，一旦世道混乱，就会出现“君不君，臣不臣，父不父，子不子，兄不兄，弟不弟，夫不夫，妇不妇”的局面。君主不再遵循治国之道，滥用权力、荒淫无道；臣子不再忠心耿耿，结党营私、谋权篡位；父亲未能以身作则，疏于教导、败坏家风；儿子不再孝顺，忤逆长辈、目无尊长；兄长不再关爱弟妹，自私自利、横行霸道；弟弟不再敬重兄长，傲慢无礼、恣意妄为；丈夫对家庭不闻不问，沉迷享乐、抛妻弃子；妻子不守妇道，行为不检、惹是生非。原本有序的社会与家庭关系被打破，每个人都偏离了自己应有的轨道，失去了本分。

这种巨大的转变，并非偶然发生，而是世道治乱直接作用的结果。在太平盛世，社会制度完善，道德教化深入人心，人们在良好的环境中受到熏陶，自然而然地遵循着既定的秩序，各安其分，整个社会呈现出和谐稳定的景象。但当乱世来临，政治腐败、战乱频仍，社会秩序崩塌，道德约束失去效力，人们为了生存或利益，纷纷打破规则，做出违背本分的行为。此时，君臣、父子、兄弟、夫妻之间的关系变得扭曲混乱，社会陷入动荡不安的状态。从这个角度来看，世道的治乱与人们是否安守本分紧密相连，二者相互影响，共同塑造着社会的面貌。

【感悟】

“伦理秩序与世道兴衰共生共损”之理——————

“君君，臣臣，父父，子子”本各守其责，

然乱世则“君不君，臣不臣”，角色失序致关系扭曲。

治世因制度完善、教化深入，人循规安分之。

乱世因秩序崩塌、道德失效，人逐利违分之。

治世涵养守分之风，守分维系治世之基。

乱世催生失序之态，失序加剧乱世之殇。

## 【关键词解析】

君君，臣臣，父父，子子，兄兄，弟弟，夫夫，妇妇：第一个“君”“臣”“父”“子”“兄”“弟”“夫”“妇”是名词，指相应的社会角色；第二个“君”“臣”“父”“子”“兄”“弟”“夫”“妇”是动词，意为尽到各自角色应有的责任和本分，即君主有君主的作为，臣子有臣子的操守，以此类推，强调各安其分的重要性。

安其分：“安”是安于、遵守的意思，“分”指的是在社会和家庭中所处的地位以及相应的责任和义务。“安其分”表示人们安于自己的角色，履行自己应尽的职责，维护社会和家庭的秩序。

失其分：与“安其分”相对，“失”是失去、违背的意思，“失其分”指人们不能履行自己的责任和义务，违背了自己在社会和家庭中的角色要求，导致社会和家庭关系的混乱。

世治：即世道太平，社会治理良好，政治清明，人们遵循伦理道德，社会秩序井然，各安其分。

世乱：指世道混乱，社会动荡不安，伦理道德被破坏，人们不能安于自己的本分，君臣、父子等关系失序，社会处于无序状态。

然：在这里是“这样、如此”的意思，“此则由世治世乱使之然也”意思是这种（人们失其分或安其分）情况是由世道的治乱导致的。

**【原文】**

君子常行胜言，小人常言胜行。故世治则笃实之士多，世乱则缘饰之士众。笃实鲜不成事，缘饰鲜不败事。成多国兴，败多国亡。家亦由是而兴亡也。夫兴家与兴国之人，与亡国亡家之人，相去一何远哉！

**【译文】**

君子常常行为胜过言语。小人则常常言语胜过行为。所以在社会太平的时期，忠厚诚实的人就会很多；而在社会动荡不安的时期，善于粉饰自己的人就会大量出现。忠厚诚实的人很少有做不成事情的，善于粉饰自己的人很少有不把事情搞砸的。国家中有很多能够做成事情的人，国家就会兴盛；有很多把事情搞砸的人，国家就会走向衰亡。家庭也是因为这样而兴衰交替的。那些能够使家庭兴盛、国家振兴的人，和那些导致国家灭亡、家庭衰败的人，他们之间的差距是多么大啊！

在太平盛世，社会有着良好的道德风尚和行为准则，人们受到这种环境的影响，更倾向于做一个笃实的人，凭借自己的实际行动去做事。而君子作为其中的代表，他们注重自身的行为，用行动来展现自己的品德和能力，不尚空谈。相反，在乱世之中，社会秩序混乱，道德规范被破坏，一些人就会通过花言巧语来伪装自己，试图获取利益，这些善于粉饰自己的小人只注重言语上的表达，而缺乏实际的能力和品德。

忠厚诚实的人，他们脚踏实地，凭借着自己的努力和能力去做事，所以往往能够取得成功，推动社会的发展，使国家兴盛。而那些善于粉饰自己的人，他们只说不做或者做不好事情，会破坏社会的秩序和稳定，导致事情失败，进而影响国家的命运。家庭的兴衰也是遵循这样的规律，有实干的人，家庭就能繁荣；有只会夸夸其谈的人，家庭就可能走向衰败。那些能让家国兴盛的人和导致家国衰败的人，他们在品德、能力和行为方式上有着巨大的差异，这种差异决定了家国不同的命运。

【感悟】

言行之辨非个人小节，乃家国兴衰之兆--------

治世多笃实之人，因道德风尚淳化，行事有成者众，故家国兴盛。

乱世多粉饰之徒，因秩序崩坏，空谈败事者众，故家国衰亡。

忠厚者以行立世，脚踏实地则事易成，

巧言者以虚饰人，浮华无实则事多败。

行胜于言的实干精神，是治世的道德根基，

言胜于行的虚浮之风，是乱世的祸乱之源。

唯有崇行黜言、奖实抑虚，方能筑牢家国兴盛的人文基石，

印证“行实为本，空谈为末”的治国齐家之道。

**【关键词解析】**

君子：在文中指品德高尚、行为端正，注重实际行动，有能力和担当的人，是社会中积极正面的力量。

小人：与君子相对，指品德不佳，只注重言语表达而缺乏实际行动，善于伪装自己的人，是社会中消极负面的存在。

世治：即社会太平，政治清明，道德风尚良好，社会秩序稳定，人们能够安居乐业，是一种理想的社会状态。

笃实之士：“笃实”意为忠厚诚实，“笃实之士”指那些为人忠厚、做事踏实，凭借自身能力和品德去行动的人。

缘饰之士：“缘饰”有粉饰、修饰的意思，“缘饰之士”指那些善于用言语或手段来伪装自己，华而不实的人。

成：在这里指能够做成事情，取得成功，代表着积极的行为和结果。

败：与“成”相对，指把事情搞砸，导致失败，代表着消极的行为和结果。

国兴：指国家繁荣昌盛，政治、经济、文化等方面都得到良好的发展，人民生活幸福。

国亡：指国家走向衰败、灭亡，政治腐败，社会动荡，经济崩溃，失去了存在的基础。

家兴：家庭和睦，成员团结，生活富足，事业有成，家庭处于繁荣的状态。

家亡：家庭破裂，成员离散，生活陷入困境，家庭走向衰败。

# 十五、“才正不正”之辩

【原文】

樵者问渔者曰：“人所谓才者，有利焉，有害焉者，何也？”

渔者曰：“才一也，利害二也。有才之正者，有才之不正者。才之正者，利乎人而及乎身者也；才之不正者，利乎身而害乎人者也。”

【译文】

樵夫向渔夫问道：“人们所说的才华，有的带来益处，有的带来害处，这是为什么呢？”

渔夫回答说：“才华本身是同一类事物，但带来的利害却分为两种情况。存在具备正当才华的人，也存在拥有不正当才华的人。具备正当才华的人，他们的才华既对他人有益，也对自身有益；拥有不正当才华的人，他们的才华只对自身有利，却对他人有害。

樵夫对才华所产生的不同影响感到疑惑，渔夫则从才华的性质出发进行解答。才华本身并无绝对的好坏之分，关键在于运用才华的方式和目的。具备正当才华的人，他们以善良和正直的心态，将才华用于为他人谋福祉，同时也能让自己有所收获，实现自身价值。比如那些品德高尚的学者，他们凭借自己的学识著书立说，传播知识和智慧，既帮助了他人，也让自己在学术领域获得成就和声誉。

而拥有不正当才华的人，他们自私自利，为了满足自己的欲望而不择手段。他们利用才华损害他人利益，破坏社会秩序。比如一些擅长权谋之术的人，他们凭借权谋来获取财富和权力，却不顾及他人的感受和社会的整体利益。这种不正当的才华运用，虽然能让他们在短期内获得一些好处，但从长远来看，他们会遭到他人的反感和社会的谴责，最终也难以获得真正的幸福和成功。

【感悟】

“才为德用，利泽众生” 的境界。--------

才华本无善恶，用之正邪别其功效。

正当才华者，以良善为基，既益人亦利己。

不正当才华者，循私欲而行，损人以自利。

德才兼具则为社会福祉，才德背离则成世道祸患。

正如刀刃可裁衣亦能伤人，关键在持刃之手的意图。

才华当察其用，而非仅观其能，唯有以道德驾驭才华，

使才德相济，方能避害兴利，达 “才为德用，利泽众生” 的境界。

**【关键词解析】**

才：即才华、才能，涵盖了一个人在知识、技能、智慧等方面所具备的能力，是一种中性的特质，其作用的好坏取决于运用才华的方式。

利：指益处、好处，在文中表示才华对人产生的积极影响，包括对他人和自身在物质、精神等方面的有益作用。

害：指害处、坏处，代表才华对人产生的消极影响，即才华被不正当运用时给他人和社会带来的危害。

才之正者：指那些将才华用于正当目的的人，他们秉持着正确的价值观，运用才华来为社会和他人创造价值，同时也能实现自身的发展。

才之不正者：指把才华用于不正当目的的人，他们为了个人私利而滥用才华，损害他人和社会的利益，是才华被错误运用的体现。

利乎人：即对他人有益，表现为通过才华的运用，为他人提供帮助、解决问题，促进他人的发展和幸福。

及乎身：意味着对自身也有益处，在帮助他人的同时，自身也能获得相应的回报，如声誉、成就等。

利乎身：表示对自身有利，指不正当才华运用者只考虑自身利益，以牺牲他人为代价来满足自己的欲望。

害乎人：指对他人有害，不正当才华的运用会给他人带来损失、伤害，破坏他人的利益和幸福。

【原文】

曰："不正，则安得谓之才？"

曰："人所不能而能之，安得不谓之才？圣人所以异乎才之难者，谓其能成天下之事而归之正者寡也。若不能归之以正，才则才矣，难乎语其仁也。譬犹药疗疾也，毒药亦有时而用也，可一而不可再也，疾愈则速已，不已则杀人矣。平药则常日而用之可也，重疾非所以能治也。能驱重疾而无害人之毒者，古今人所谓良药也。"

【译文】

樵夫问道："那些行为不正当的人，怎么能被称作有才能呢？"

渔夫回答说："一个人能够做到别人所做不到的事情，又怎么不能称他为有才能呢？圣人认为才能之所以显得难能可贵，是因为能够凭借才能做成天下之事，并且使行为归于正道的人实在是太少了。如果不能让自己的才能运用符合正道，虽然确实是有才能，但很难说他具备仁爱之心。就好比用药来治疗疾病，有毒性的药在某些时候也是会被使用的，但只能使用一次而不能多次使用，疾病痊愈了就应该迅速停止用药，不停止用药就会致人死亡。平和的药物可以在日常生活中经常使用，但对于严重的疾病来说，它并不能起到治愈的作用。能够驱除严重疾病并且不会对人产生毒害的药，就是古往今来人们所说的良药。”

渔夫指出，具备超出常人的能力就可被认定为有才能，但才能的运用有正当与不正当之分。真正难得的是那些既能凭借才能成就大事，又能使自己行为符合正道的人。那些行为不正当的人，即便有才能，却因为不能将才能用于正途，缺乏对他人和社会有益的行为，所以难以称为具备仁爱。

以用药来类比，有毒性的药在治疗疾病时，虽然有一定的功效，但使用不当就会带来严重的后果，就如同不正当的才能运用会对他人和社会造成危害。而平和的药虽能在日常起到一定作用，但面对重病却力不从心，这就如同一些人虽有一定才能却无法应对重大问题。真正的良药是既能治愈重病又不会产生毒害的，这象征着真正有才能且运用正当的人，他们不仅能够解决重大问题，还不会对他人和社会造成不良影响，是社会所需要的人才。

【感悟】

“才德兼具、功不悖道”之理——————————

能为他人所不能即谓“有能”，但才分正邪。

圣人难能可贵者，在以才成天下事且合于正道。

若才不循正，虽有能而缺仁，如有毒之药可治病但需慎用，过则伤人，平和之药虽安全却难愈沉疴。
唯“驱病而无害”之药方为良药。
“才具治世之力，行合正道之德”，
既需超越常人的能力，更需以道德约束才能的运用，
如此方能避害兴利，成“才德兼具、功不悖道”的社会栋梁。

**【关键词解析】**

才：文中指个人所拥有的特殊能力和本事，是能够做到他人所不能之事的一种体现，但这种能力的运用方向决定了它的价值和意义。

正：表示正当、正确，是才能运用的一种规范和准则，意味着才能的施展要符合道德、伦理和社会的需要，使行为归于正道。

仁：儒家思想中的核心概念，代表着仁爱、善良和对他人的关怀。在文中，具备才能且行为正当的人可被认为具有仁爱之心，反之则难以称为有仁。

毒药：具有毒性的药物，在治疗疾病时可以发挥一定作用，但使用不当会对人体造成伤害，类比那些有才能却行为不正当的人，他们的才能运用可能会对社会产生负面效应。

平药：药性平和的药物，在日常生活中可以经常使用，但对于严重的病症效果不佳，象征着一些能力普通且作用有限的人或行为。

良药：能够有效治疗重病且对人体无害的药物，比喻那些既有卓越才能又能将才能用于正当途径，对社会有益的人，他们是社会所期望的人才类型。

成天下之事：凭借才能在社会上做出一番成就，完成一些具有影响力的事情，是才能的一种外在表现形式，但关键在于要使这些成就符合正道。

归之正：使才能的运用符合道德、伦理和社会规范，让行为走向正确的方向，是对才能运用的一种价值判断和要求。

**【原文】**

《易》曰：“大君有命，开国承家，小人勿用。”如是，则小人亦有时而用之。时平治定，用之则否。《诗》云：“它山之石，可以攻玉。其小人之才乎！”

**【译文】**

译文：《易经》中说：“伟大的君主掌握着天命，开创国家，继承家业，不任用小人。”像这样的话，然而小人也有被使用的时候。在社会太平、政治稳定的时候，就不应该任用小人。

《诗经》中说：“别的山上的石头，可以用来雕琢玉器。”这大概说的就是小人所具备的才能吧！

《易经》所传达的是一种治国理政的原则，伟大的君主在开创国家、继承家业的过程中，要遵循天命，不任用小人，因为小人的行为和品德可能会对国家和家业造成危害。但这并不意味着小人就完全没有可利用之处。在特定的情况下，小人的才能也可能会派上用场。不过，在社会太平、政治稳定的时期，小人的存在和任用可能会破坏这种稳定的局面，所以不应该任用他们。

《诗经》中“它山之石，可以攻玉”这句话，用别的山上的石头可以用来雕琢玉器作比喻，暗示着小人的才能虽然有其可利用的一面。就像别的山上的石头一样，虽然它本身可能并不完美，但可以用来雕琢玉器，实现一定的价值。这表明小人的才能在合适的情况下也能发挥作用，提醒人们不能完全忽视小人的才能，而是要善于合理地利用，使其为社会的发展服务。同时也强调了在不同的社会状态下，对于小人才能的运用要有正确的判断和选择，以维护社会的稳定和发展。

【感悟】

“德为纲领、才为器用” 的智慧 ———————

治世安稳时，小人乱德败政，故不可用；

若需借其才，当如琢玉般善加驾驭。

小人之能如石，虽具棱角却可成器，

关键在君主是否能审时度势，以正道约束其用，使才不悖德、功不损治。

人才无绝对善恶，用才在时机与尺度。

太平之世重德守正，乱世之际权用其能

唯以 “德为纲领、才为器用” 的智慧，

方能在 “用与不用” 间，达致 “才尽其用而不致乱” 的治世境界。

**【关键词解析】**

大君有命，开国承家，小人勿用：“大君”指伟大、贤明的君主；“有命”表示掌握天命；“开国”即开创国家基业；“承家”指继承家业；“小人”指品德不佳、行为不端的人；“勿用”表示不任用。这句话体现了君主在治理国家和继承家业时的用人原则，强调不任用小人以维护国家和家业的稳定发展。

时平治定：“时”指社会状态、时期；“平”表示太平；“治”意为治理良好；“定”指稳定。“时平治定”描述的是社会太平、政治稳定的状态，在这种状态下，小人的存在和任用可能会破坏稳定，所以不应该任用他们。

它山之石，可以攻玉：“它山”指别的山；“石”即石头；“攻玉”指雕琢玉器。这句话以别的山上的石头可以用来雕琢玉器做比喻，暗示小人的才能在合适的情况下也能发挥作用，提醒人们要善于利用小人的才能为社会服务。

小人之才：指小人所具备的能力和才能，虽然小人品德不佳，但他们的才能在特定情况下也有可利用的价值，需要正确看待和合理运用。

# 十六、“择用”之辩

**【原文】**

樵者谓渔者曰：“国家之兴亡，与夫才之邪正，则固得闻命矣。然则何不择其人而用之？”

**【译文】**

樵夫对渔夫说：“国家的兴盛与衰亡，以及人才品行的邪与正这些道理，我确实已经听闻并明白了。然而，既然已经知道了这些，为什么不能挑选合适的人来加以任用呢？

樵夫表示：“自己已经从渔夫那里了解到国家的兴衰与人才品行之间的关联。国家的繁荣昌盛或走向衰败，与所任用人才的品行优劣紧密相关。品行正直的人才，能够凭借自身的能力和品德，为国家的发展出谋划策、辛勤付出，推动国家走向繁荣；而品行邪僻的人，可能会为了一己私利，做出损害国家利益的事情，导致国家陷入困境。”

樵夫认为，在清楚了人才品行对国家命运的影响之后，合理选拔人才就显得尤为重要。他疑惑的是，为什么不能依据人才的品行和能力，挑选那些正直且有才能的人来为国家效力呢？因为只有任用合适的人，国家才有可能走向兴盛。合适的人才不仅要有出众的才能，更要有高尚的品德，这样才能在为国家服务的过程中，始终坚守原则，做出正确的决策，让国家在正确的轨道上发展。

例如，在国家面临重大决策时，正直的人才会从国家和人民的利益出发，提出合理的建议；而邪僻之人可能为了个人的权势和财富，做出不利于国家和人民的决策。所以，选拔合适的人才，是国家兴衰的关键因素之一。樵夫的疑问反映了他对国家用人制度的关注，期望能够通过合理的人才选拔，让国家实现长治久安，走向繁荣昌盛。

【感悟】

“贤能治国、国运昌隆” 之境 -------

正才兴邦、邪才祸国，却为何难行选贤之道？

因知理与行道之间，隔着重私利轻公义的现实沟壑：

邪僻之徒或凭权术邀宠，或借巧言惑上，使贤能难彰；

治世虽明 “德才兼备” 之要，却困于制度疏漏与识人局限。

知晓人才品德对国运的根本影响，不等于能构建公正的选拔机制，

唯有突破利益藩篱、完善制度设计，才使 “知才”与 “用才”贯通，

方能解 “知而不行” 之困，达 “贤能治国、国运昌隆” 之境。

**【关键词解析】**

国家之兴亡：“国家”指拥有一定领土、人民和政治组织的社会实体。“兴”意味着国家在政治、经济、文化等方面蓬勃发展，国力强盛；“亡”则表示国家陷入困境，可能面临政治腐败、经济衰退、社会动荡等问题，甚至走向灭亡。“国家之兴亡”描述了国家在发展过程中所经历的兴衰变化。

才之邪正：“才”涵盖了一个人在知识、技能、智慧等方面的能力。“邪”指人的品行不正，可能存在自私、贪婪、虚伪等不良品质；“正”表示人的品行正直，具有善良、公正、诚实等高尚品德。“才之邪正”强调人才的品行差异，说明人才的品行对其能力的发挥和对国家的影响具有重要作用。

闻命：“闻”是听闻、了解的意思；“命”在这里可理解为关于国家兴衰和人才品行的道理、规律。“闻命”表明樵夫已经从渔夫那里获取并理解了相关的知识和道理。

择其人："择"是挑选、选择的意思；"其人"指代人才。"择其人"强调在选拔人才时，要根据一定的标准，挑选出符合国家发展需求的人，这里的标准既包括才能，也包括品行。

用之："用"表示任用、使用；"之"指代选拔出来的人才。"用之"指将挑选出来的人才安排到合适的岗位上，让他们发挥自己的才能，为国家和社会服务。

【原文】

渔者曰："择臣者，君也；择君者，臣也。贤愚各从其类而为。奈何有尧舜之君，必有尧舜之臣；有桀纣之君，而必有桀纣之臣。尧舜之臣，生乎桀纣之世，桀纣之臣，生于尧舜之世，必非其所用也。虽欲为祸为福，其能行乎？夫上之所好，下必好之。其若影响，岂待驱率而然耶？"

【译文】

渔夫说道："挑选臣子的，是君主；挑选君主的，是臣子。贤德之人与愚笨之人各自追随与自己同类的人来行事。为什么说有像尧、舜那样的贤明君主，就必定会有与他们相配的贤能臣子；有像夏桀、商纣那样的昏庸君主，就必定会有和他们一样恶劣的臣子呢？像尧、舜时期的贤能臣子，如果生在夏桀、商纣那样的乱世，而夏桀、商纣时期的奸佞臣子，如果生在尧、舜那样的治世，必定不会得到重用。即使他们想要为社会带来福祉或者制造灾祸，又怎么能够实现呢？君主所喜好的，臣子必然也会喜好。这种君主与臣子之间的呼应就如同影子伴随形体、回声回应声音一样，难道是需要强迫驱使才会这样的吗？"

渔夫对于君主与臣子之间的关系有着深刻的见解。他认为君主和臣子之间存在一种相互吸引的关系，贤明的君主会吸引贤能的臣子，昏庸的君主则会聚集奸佞之徒。就像尧、舜以其高尚的品德和卓越的治国才能，吸引了众多忠诚且有才能的臣子，共同创造了太平盛世；而夏桀、商纣的暴虐和昏庸，使得阿谀奉承、为非作歹的臣子围绕在他们身边，导致国家陷入混乱和衰败。

同时，渔夫强调了环境对臣子作用发挥的影响。贤能的臣子在昏君的统治下，其才能和品德难以得到施展，无法为社会带来福祉；而奸佞的臣子在贤君的治世中，也难以兴风作浪。此外，君主的喜好对臣子有着强大的引导作用，臣子往往会主动迎合君主的喜好，这种呼应是自然而然的，并非是受到外力的强迫。这反映出君主在国家治理中占据着主导地位，其品性和行为对臣子的行为以及国家的命运有着深远的影响。

【感悟】

“上有所好，下必甚焉” 的政治哲学 ————————

君选臣，臣亦选君，贤愚各自相从。

如尧舜之君必聚贤能之臣，桀纣之主必集奸佞之徒，

此乃 “君德臣行，如影随形” 的必然。

贤臣生于乱世难施其善，佞臣处治世难行其恶。

君主喜好如磁石引铁，臣子自然呼应，非外力强迫。

君尚仁德则臣效忠诚，君嗜奸佞则臣竞谄媚。

印证 “上有所好，下必甚焉” 的政治哲学，

道破 “君明臣贤、君昏臣佞” 的历史规律。

**【关键词解析】**

择臣者，君也；择君者，臣也：“择”即选择。此句表明在君臣关系中，君主有权力挑选符合自己统治需求的臣子，而臣子也有机会选择值得追随的君主，体现了双方在关系建立中的主动性。

贤愚：“贤”指贤能、品德高尚、有治国理政能力的人；“愚”指愚钝、品德恶劣、缺乏正确行为准则的人。这里用于区分不同品性和能力的臣子，说明不同类型的君主会吸引与之相应的臣子。

尧舜：上古时期的贤明君主，以其仁德和智慧治理国家，被后世视为君主的典范，代表着贤明、仁德的君主形象。

桀纣：夏朝和商朝的末代君主，以暴虐、荒淫著称，是昏庸、残暴君主的典型代表。

非其所用："非"表示否定，"所用"指被任用、发挥作用。意思是与君主品性不相符的臣子在相应的时代难以得到重用，无法实现其自身价值。

上之所好，下必好之："上"指君主，"下"指臣子。君主的喜好会对臣子产生影响，臣子通常会主动迎合君主的喜好，体现了君主在君臣关系中的引领作用。

影响："影"指影子，"响"指回声。在这里比喻臣子对君主喜好的追随如同影子随形、回声相应一样紧密和自然，强调了君臣之间关系的紧密性和呼应性。

**【原文】**

上好义，则下必好义，而不义者远矣；上好利，下必好利，而不利者远矣。好利者众，则天下日削矣；好义者众，则天下日盛矣。日盛则昌，日削则亡。盛之与削，昌之与亡，岂其远乎？在上之所好耳。夫治世何尝无小人，乱世何尝无君子，不用则善恶何由而行也。

**【译文】**

渔夫接着说道："君主崇尚道义，那么臣子必然也会崇尚道义，而那些不道义的人就会远离权力中心；君主贪图利益，那么臣子也会贪图利益，而那些不追逐利益的人就会疏远。贪图利益的人众多，那么天下就会日益衰败；崇尚道义的人众多，那么天下就会日益

昌盛。国家日益昌盛就会繁荣兴旺，国家日益衰败就会走向灭亡。昌盛与衰败，繁荣与灭亡，难道距离真的很遥远吗？关键就在于君主的喜好罢了。太平盛世的时候难道就没有小人吗？乱世的时候难道就没有君子吗？如果不加以任用，那么善与恶又怎么会在社会中表现出来呢？”

渔夫的这番话深刻地阐述了君主的喜好对整个社会风气以及国家命运的影响。君主作为国家的领导者，其价值观和行为方式会像风向标一样引导着臣子和整个社会。当君主崇尚道义时，会形成一种良好的社会风气，臣子们也会受到感染，以道义作为行为准则，不道义的人难以立足。相反，君主贪图利益，会导致臣子们也追逐利益，社会风气变得唯利是图，这样会使国家逐渐走向衰败。

同时，渔夫也指出，无论是太平盛世还是乱世，君子和小人都是存在的。关键在于君主如何任用人才，君主的任用决策会让善与恶在社会中得以体现。如果任用君子，那么道义会得到弘扬，国家会昌盛；如果任用小人，那么邪恶会滋生，国家会衰败。这进一步强调了君主在国家治理中对人才任用的重要性，以及君主自身品德和喜好对国家兴衰的决定性作用。

【感悟】

“君心正则臣行端，臣行端则国运昌”的政治哲学精义-----

君尚义则臣效义，逐利之徒自远；

君贪利则臣竞利，守义之士被疏。

然治乱之世皆有君子小人，关键在君主用与不用。

用贤则善显，任佞则恶彰。

所谓“盛世非无小人，乱世非无君子”，

治国之要在以“尚义去利”之心辨贤愚、定用舍，

使道义成为社会主流价值，

此乃“君心正则臣行端，臣行端则国运昌”的政治哲学精义。

【关键词解析】

义：即道义，代表着一种道德准则和正义，崇尚道义的人会以道德规范自己的行为，维护社会的公平和正义。

利：指利益，贪图利益的人往往以自我为中心，追求个人私利，可能会损害社会和他人的利益。

日削：“日”表示逐渐，“削”有削减、衰败的意思，“日削”指国家或社会逐渐走向衰败，表现为经济衰退、社会动荡等。

日盛：“盛”有昌盛、繁荣的意思，“日盛”指国家或社会日益繁荣，表现为经济发展、社会和谐等。

治世：指社会治理良好、政治清明、秩序井然、人民安居乐业的太平时期。

乱世：指社会动荡不安、政治腐败、秩序混乱、人民生活困苦的时期。

善恶：“善”代表善良、正义、道德高尚的行为和品质；“恶”代表邪恶、不义、道德败坏的行为和品质，君主对人才的任用会使善恶在社会中得以展现。

# 十七、“善恶”之辩

**【原文】**

樵者曰：“善人常寡，而不善人常众；治世常少，乱世常多，何以知其然耶？”

曰：“观之于物，何物不然？譬诸五谷，耘之而不苗者有矣。蓬莠不耘而犹生，耘之而求其尽也，亦未如之何矣。由是知君子小人之道，有自来矣。君子见善则喜之，见不善则远之；小人见善则疾之，见不善则喜之。善恶各从其类也。”

**【译文】**

樵夫说：“善良的人常常数量稀少，而不善良的人常常数量众多；太平盛世的时间常常很少，乱世的时间常常很多，凭借什么知道是这样的呢？”

渔夫说：“观察世间万物，哪种事物不是这样呢？拿五谷来做比喻，耕耘了却没有长出禾苗的情况是有的。而蓬草、莠草不耕耘却依然生长，想要将它们除尽，却也无可奈何。由此可知，君子与小人所遵循的规律，是有其根源的。君子见到善良的行为就会喜爱它，见到不善良的行为就会远离它；小人见到善良的行为就会厌恶它，见到不善良的行为就会喜爱它。善良的人和不善良的人各自跟从与自己同类的人。

樵夫对善良的人少、不善良的人多，以及太平盛世少、乱世多的现象表示疑惑，渔夫通过对事物的观察来进行解释。以五谷和杂草为例，五谷需要精心耕耘才有可能生长良好，然而即使耕耘了也不一定能长出禾苗；而蓬草、莠草这些杂草不需要特别照料就能生长，想要完全去除它们也并非易事。这就如同君子和小人，君子需要良好的环境和自身的努力才能成长，数量相对较少；而小人就像杂草一样，容易滋生，数量较多。

君子和小人对于善恶的态度截然不同，君子崇尚善良，远离邪恶；小人则相反，厌恶善良，喜爱邪恶。这种善恶的分类和表现，进一步说明了君子和小人各自的特点以及他们之间的差异，同时也解释了为什么善良的人少而不善良的人多，太平盛世少而乱世多的现象，强调了善恶在社会中的不同表现和影响。

【感悟】

"善难成而易败，恶易生而难除" 的世道规律——————————

世间善者如五谷，需耕耘方生且常有不茂，
恶者似蓬莠，不耕自长且难除尽，
故善人少而不善者多，治世短而乱世长。
君子见善则趋、见恶则避，
小人反之，二者皆从其类。
治世需持续浇灌道义之田，若失于耕耘，邪恶便如杂草疯长。
此乃 "善难成而易败，恶易生而难除" 的世道规律，
道破人类需以主动修为对抗惰性之恶的永恒命题。

## 十七、“善恶”之辩

**【关键词解析】**

善人：指具有善良品德、行为符合道德规范的人，在文中与“不善人”相对，是社会中善良、正义力量的代表。

不善人：指品德不善良、行为不符合道德规范的人，在社会中表现为邪恶、自私等负面特质。

治世：指社会治理良好、政治清明、秩序井然、人民安居乐业的太平时期，是社会发展的理想状态。

乱世：指社会动荡不安、政治腐败、秩序混乱、人民生活困苦的时期，与“治世”相对。

五谷：泛指粮食作物，如稻、黍、稷、麦、菽等，文中以五谷需要耕耘才可能生长来比喻君子的成长需要良好的环境和自身的努力。

蓬莠：蓬草和莠草，都是杂草的代表，文中用蓬草和莠草不耕耘也能生长且难以除尽，来比喻小人容易滋生且难以完全消除。

善恶：“善”代表善良、正义、道德高尚的行为和品质；“恶”代表邪恶、不义、道德败坏的行为和品质，是区分君子和小人的重要标准。

**【原文】**

君子见善则就之，见不善则违之；小人见善则违之，见不善则就之。君子见义则迁，见利则止；小人见义则止，见利则迁。迁义则利人，迁利则害人。利人与害人，相去一何远耶？

**【译文】**

君子遇见善良的行为就主动靠近并学习，遇见不善的行为就坚决避开；小人遇见善良的行为就刻意远离，遇见不善的行为却欣然趋近。君子遇见合乎道义的事就积极投身其中，遇见利益则会有所克制；小人遇见道义之事便止步不前，遇见利益却蜂拥而上。趋向道义便能利人，趋向利益就会害人。利人之举与害人之行，二者之间的差距何等之大啊！

君子心怀高尚的道德情操，以善良为指引，积极向善良靠拢，远离邪恶。他们将道义视为行为的准则，在面对利益诱惑时，能够坚守内心的原则，不被利益所左右。当看到他人的善良行为时，君子会心生敬意并努力效仿；而对于不善的行为，他们保持着清醒的认知和坚定的态度，绝不与之同流合污。在义利之辨中，君子以义为重，认为践行道义能够带来积极的社会影响，有益于他人和社会，所以他们会毫不犹豫地去做符合道义的事情。

与之相反，小人缺乏高尚的道德品质，对善良的行为不屑一顾，反而对不善的行为表现出浓厚的兴趣。在面对道义和利益的选择时，小人往往选择利益，为了获取利益不惜损害他人的利益。他们不重视道义，认为道义无法带来实际的好处，所以在道义面前表现得冷漠和消极。小人趋向利益的行为往往会给他人和社会带来危害，破坏社会的和谐与稳定。

君子利人，小人害人，这两种截然不同的行为方式产生的结果有着天壤之别。君子的利人之举能够促进社会的发展和进步，营造良好的社会氛围；而小人的害人之行则会导致社会的混乱和动荡，损害大多数人的利益。君子和小人的行为差异，反映了他们不同的价值观和道德水准，也体现了道德在社会生活中的重要作用。

【感悟】

“道德选择决定存在价值” 的哲理 --------
君子见善则趋、遇恶则避，重义轻利，其行利人，
小人背善向恶、弃义逐利，其行害人。
唯有以道义为指引，在义利之辨中坚守善的立场，
方能超越私欲的局限，才能在趋善避恶的实践中，
抵达个人与社会的和谐之境，此乃为君子之道的深层智慧。

## 十七、“善恶”之辩

**【关键词解析】**

君子：代表着品德高尚、具有良好道德修养和正确价值观的人，他们以善良和道义作为行为的准则，追求高尚的品德和行为。

小人：与君子相对，指那些品德不佳、行为不端、以个人利益为导向，忽视道义的人。

善：涵盖了善良的行为、美好的品德以及符合道德规范的举止，是社会所倡导的正面特质。

不善：表示不善良、违背道德规范、具有不良影响的行为和品质。

义：即道义，包含着公正、正义、善良等价值观，是君子行事的重要依据，也是区分君子和小人的关键因素。

利：主要指物质利益以及其他能满足个人需求的事物，在义利关系中，君子和小人有着截然不同的态度和行为。

就之：意为主动接近、趋近，君子“见善则就之”体现了他们对善良和道义的追求，小人“见不善则就之”则反映了他们对不良行为的趋向。

违之：表示远离、抗拒，君子“见不善则违之”表明他们对不良行为的抵制，小人“见善则违之”则显示出他们对善良行为的排斥。

迁：有趋向、转变的意思，君子“迁义”意味着他们积极践行道义，小人“迁利”则表示他们过度追求利益。

**【原文】**

家与国一也，其兴也，君子常多而小人常鲜；其亡也，小人常多而君子常鲜。君子多而去之者，小人也；小人多而去之者，君子也。君子好生，小人好杀。好生则世治，好杀则世乱。君子好义，小人好利。治世则好义，乱世则好利。其理一也。

钓者谈已，樵者曰："吾闻古有伏羲，今日如睹其面焉。"拜而谢之，及旦而去。

【译文】

家庭与国家的道理其实是相通的。当一个家庭或一个国家走向兴盛的时候，君子往往数量众多，而小人则数量稀少；当一个家庭或一个国家走向衰亡的时候，小人往往数量众多，而君子则数量稀少。君子数量多的时候，使得君子离开的往往是小人；小人数量多的时候，使得小人离开的往往是君子。君子天性热爱生命，小人则热衷于杀伐之事。君子热爱生命，世道就会安定太平；小人热衷于杀伐，世道就会混乱不堪。君子崇尚道义，小人贪图利益。在太平盛世中，人们大多崇尚道义；在乱世之中，人们大多贪图利益。其中的道理都是一致的。

渔夫说完这些观点后，樵夫感慨地说："我听说古代有像伏羲那样贤明的人，听了您今天的这番言论，就好像亲眼见到了伏羲一样深受启发。"于是樵夫向渔夫拜谢，到了第二天清晨便离开了。

在这段言论中，渔夫将家庭和国家的兴衰与君子、小人的数量和行为紧密联系起来。兴盛的家庭和国家中，君子占据主导地位，他们心怀仁爱，尊重生命，崇尚道义，引领着良好的社会风气。而在衰亡的情境下，小人得势，他们喜好杀伐，贪图利益，破坏着社会的秩序。君子与小人的行为和价值观截然不同，对世道的影响也大相径庭。君子以道义为准则，追求和谐与稳定；小人以利益为导向，引发纷争与混乱。太平盛世中，道义成为人们行事的规范；乱世之中，利益成为人们追逐的目标。这种对比鲜明地展现了不同世道下的社会状态和人们的价值取向。而樵夫将渔夫的言论与古代贤明的伏羲相提并论，体现了他对渔夫观点的高度认可，认为渔夫的见解如同古代贤人的智慧一般深刻且具有指导意义。

【感悟】

“义利之辨为家国兴衰枢纽”的永恒智慧 --------

君子爱生尚义，故世道安，

小人嗜杀逐利，故世道乱。

家与国的命运，本质是君子与小人在数量与影响力上的博弈结果，

印证“道德主体的多寡决定社会质态”的规律。

“义利之辨为家国兴衰枢纽”的永恒智慧，

将治家与治国的深层逻辑归于“崇君子、抑小人”的价值选择。

**【关键词解析】**

家与国一也：“一”表示相同、相通。此句强调家庭和国家在兴衰规律、人才构成以及价值导向等方面具有相似性，二者的发展变化遵循着类似的原则。

君子：具备高尚品德、遵循道义、热爱生命的人，是社会和家庭走向兴盛的积极力量，他们的行为和价值观对世道的安定起着关键作用。

小人：品德不佳、贪图利益、喜好杀伐的人，是导致家庭和国家衰败的消极因素，他们的存在和行为破坏着社会秩序，影响着世道的稳定。

兴：指家庭或国家处于繁荣、昌盛、安定的状态，此时君子数量较多，社会风气良好，人们的行为多受道义的引导。

亡：指家庭或国家走向衰败、灭亡的境地，此时小人数量较多，社会动荡不安，人们更多地追求利益，忽视道义。

好生："好"读作hào，意为喜好、热爱；"生"指生命。"好生"体现了君子尊重生命、珍视生命的品质，这种品质有助于营造和谐稳定的社会环境。

好杀："杀"指代杀伐、暴力行为。"好杀"反映了小人喜好通过暴力手段达成目的，这种行为会引发社会的混乱和动荡。

好义："义"代表道义、正义。"好义"表示君子崇尚道义，以道义作为自己行为的准则，在太平盛世中，这种价值观得到广泛的推崇。

好利："利"指利益，包括物质利益和其他方面的好处。"好利"指小人贪图利益，在乱世之中，这种追求利益的行为更为普遍，导致社会风气的败坏。

伏羲：中国古代传说中的人物，被视为贤明的象征，代表着智慧、道德和对社会的积极影响。樵夫用伏羲来类比渔夫的言论，突出渔夫观点的贤明和深刻。